아폴로니우스가 들려주는 이차곡선 2 이야기

NEW 수학자가 들려주는 수학 이야기 79
아폴로니우스가 들려주는 이차곡선 2 이야기

ⓒ 송정화, 2009

2판 1쇄 인쇄일 | 2025년 10월 10일
2판 1쇄 발행일 | 2025년 10월 24일

지은이 | 송정화
펴낸이 | 정은영
펴낸곳 | (주)자음과모음

출판등록 | 2001년 11월 28일 제2001-000259호
주소 | 10881 경기도 파주시 회동길 325-20
전화 | 편집부 (02)324-2347, 경영지원부 (02)325-6047
팩스 | 편집부 (02)324-2348, 경영지원부 (02)2648-1311
e-mail | jamoteen@jamobook.com

ISBN 978-89-544-5324-0 44410
   978-89-544-5196-3 (세트)

• 잘못된 책은 교환해 드립니다.

송정화 지음

NEW
수학자가 들려주는
수학 이야기
79

아폴로니우스가 들려주는 이차곡선 2 이야기

㈜자음과모음

추천사

수학자라는 거인의 어깨 위에서 보다 멀리, 보다 넓게 바라보는 수학의 세계!

 수학 교과서는 대개 '결과'로서의 수학을 연역적으로 제시하는 경향이 강하기 때문에 학생들은 수학이 끊임없이 진화해 왔다고 생각하기 어렵습니다. 그렇지만 수학의 역사는 하나의 문제가 등장하고 그에 대해 많은 수학자가 고심하고 이를 해결하는 가운데 새로운 아이디어가 출현해 온 역동적인 과정입니다.

 〈NEW 수학자가 들려주는 수학 이야기〉는 수학 주제들의 발생 과정을 수학자들의 목소리를 통해 친근하게 이야기 형식으로 들려주기 때문에 학생들이 수학을 '과거 완료형'이 아닌 '현재 진행형'으로 인식하는 데 도움이 될 것입니다.

 학생들이 수학을 어려워하는 요인 중의 하나는 '추상성'이 강한 수학적 사고의 특성과 '구체성'을 선호하는 학생의 사고 사이에 존재하는 간극이며, 이런 간극을 줄이기 위해서 수학의 추상성을 희석시키고 수학 개념과 원리의 설명에 구체성을 부여하는 것이 필요합니다.

 〈NEW 수학자가 들려주는 수학 이야기〉는 수학 교과서의 내용을 생동감 있게 재구성함으로써 추상적인 수학을 구체성을 갖는 수학으로 변모시키고 있습니다. 또한 중간중간에 곁들여진 수학자들의 에피소드는 자칫 무료해지기 쉬운 수학 공부에 윤활유 역할을 해 줄 것입니다.

〈NEW 수학자가 들려주는 수학 이야기〉의 구성을 보면 우선 수학자의 업적을 개략적으로 소개하고, 6~9개의 강의를 통해 수학 내적 세계와 외적 세계, 교실 안과 밖을 넘나들며 수학 개념과 원리를 소개한 후 마지막으로 강의에서 다룬 내용을 정리합니다.

이런 책의 흐름을 따라 읽다 보면 각각의 도서가 다루고 있는 주제에 대한 전체적이고 통합적인 이해가 가능하도록 구성되어 있습니다. 〈NEW 수학자가 들려주는 수학 이야기〉는 학교 수학 교과 과정과 긴밀하게 맞물려 있으며, 전체 시리즈를 통해 학교 수학의 많은 내용들을 다룹니다. 따라서 〈NEW 수학자가 들려주는 수학 이야기〉를 학교 수학 공부와 병행하면서 읽는다면 교과서 내용의 소화 흡수를 도울 수 있는 효소 역할을 할 것입니다.

뉴턴이 'On the shoulders of giants'라는 표현을 썼던 것처럼, 수학자라는 거인의 어깨 위에서는 보다 멀리, 넓게 바라볼 수 있습니다. 학생들이 〈NEW 수학자가 들려주는 수학 이야기〉를 읽으면서 각 수학자의 어깨 위에서 보다 수월하게 수학의 세계를 내다보는 기회를 갖기를 바랍니다.

홍익대학교 수학교육과 교수 |《수학 콘서트》저자 박경미

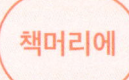

책머리에

세상의 진리를 수학으로 꿰뚫어 보는 맛
그 맛을 경험시켜 주는 '이차곡선 2' 이야기

 흔히 수학이라는 학문은 우리 생활 곳곳에서 활용되지 않는 곳이 없으며 수학 없이는 모든 생활이 이루어지지 않을 만큼 우리 생활과 매우 밀접하게 연결되어 있다고 하는데, 여러분은 이 말이 실감 나나요?

 많은 학생이 수학은 재미없고 딱딱한 과목이라고 생각합니다. 그리고 학교를 졸업하면 어차피 쓰지도 않는 수학을 머리 아프게 왜 그렇게 오랜 시간 동안 많이 공부하는지 불평하는 친구도 많습니다. 더하고 빼고 곱하고 나누기만 할 줄 알면 세상 사는 데 아무런 불편함이 없는데 왜 그렇게 어렵고 지루한 공식을 외우고 수많은 문제를 풀어 나가야 하는지 의구심을 갖는 친구도 많고요. 선생님도 학교 다닐 때 가끔 이런 생각을 하곤 했답니다. 내가 수학을 공부하는 것은 단지 학교 시험을 위해서, 그리고 좀 더 좋은 학교에 가기 위한 하나의 수단일 뿐이라고 생각한 적이 있었답니다.

 우리가 이렇게 수학에 편견을 갖는 것은 그동안 주로 공식 위주의 문제를 푸는 데만 급급했기 때문이라고 생각합니다. 아무리 간단한 원리라도 곰곰이 생각하고 그것이 우리 생활에서 어떻게 활용되는지 그리고 다른 수학적 원리와 어떻게 연결되는지를 생각하면서 수학을 공부했더라면 어땠을까요? 단순히 문제 풀이 위주가 아니라, 우리 생활과 주변 현상 속에서 그동안 배웠던 수학적인 내용을 탐구해 보거나 수학적인 비판적 안목으로 그런 현상을 표현하고 해결하면서 수학을 공부했더라면 어땠을까요? 그래도 수학이 딱딱하고 재미가 없는 지루한 과목이며, 또한 쓸데없는 과목이라고 생각했을까요?

대학생 언니, 오빠 들에게 수업하면서 가끔 질문을 합니다. 원과 포물선, 타원과 쌍곡선의 성질이 무엇이며 이것이 우리 생활에 어떻게 활용되는지를요. 하지만 자신있게 대답하는 사람은 그리 많지 않았습니다. 물론 이런 도형들의 공식을 이용하여 푸는 문제들은 쉽게 잘 해결하고 도형의 성질을 증명하는 것은 잘할 수 있었습니다. 하지만 조금만 관점을 바꾸어서 우리 생활 주변과 관련지어 생각하게 했을 때는 대부분이 잘 대답하지 못했습니다.

이 책에서는 원뿔곡선에 대한 내용을 소개하면서 이런 내용이 우리 생활 속에서 어떻게 활용되는지를 여러 차원에서 보여 주고 있습니다. 단순하게 학교 수학에서 입시용으로만 쓰이는 죽어 있는 수학이 아니라, 우리 주변에서 생생하게 경험하고 느끼고 부딪칠 수 있는 살아 있는 수학을 담으려 노력했습니다. 아마도 여러분은 이 책을 읽으면서 그동안 수학에 가졌던 편견을 날려 보낼 수 있으리라 생각합니다. 우리가 미처 생각하지 못했던 작은 것에도 수학이 숨어 있으며, 우리가 학교에서 배우는 수학이 바로 이것의 토대가 된다는 것을 깨달을 수 있었으면 좋겠습니다. 그리고 수학이라는 학문이 얼마나 유용하고 아름다운 학문인지를 만끽했으면 좋겠습니다.

송정화

차례

추천사 4
책머리에 6
100% 활용하기 10
아폴로니우스의 개념 체크 18

1교시
납작한 원이 타원? 25

2교시
타원을 식으로 나타내면? 45

3교시
쌍곡선이란? 61

4교시
쌍곡선을 식으로 나타내면? 75

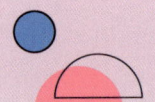

5교시
원 속에 숨어 있는 타원과 쌍곡선　　　　　　　　　　93

6교시
이심률로 본 원뿔곡선　　　　　　　　　　109

7교시
생활 속에서 찾은 타원과 쌍곡선　　　　　　　　　　125

1 이 책은 달라요

《아폴로니우스가 들려주는 이차곡선 2 이야기》는 1권에 이어 고등학교 기하에서 다루어지는 어려운 개념인 타원과 쌍곡선의 내용을 정의와 개념에 기초하여 학생들이 이해하기 쉽고 재미있게 읽어 나갈 수 있도록 설명하였습니다. 무엇보다도 이 책에서는 모든 수학적인 내용은 정의에서 비롯된다는 것을 직접 보여 주면서 학생들에게 수학에서 정의의 중요성을 강조하고 있습니다. 그리고 생활 속에서 어떻게 활용되고 있는지를 보여 줌으로써 수학이 살아 있는 학문임을 느끼게 해 줍니다.

2 이런 점이 좋아요

❶ 단순히 학생들이 책의 내용만 수동적으로 쭉 읽어 나가는 것이 아니라, 전개된 내용을 직접 활동하면서 그 개념을 확인하고 이해할 수 있도록 하였습니다. 이를 통해 학생들은 자신들이 직접 참여하면서 능동적으로 개념을 구성하게 되고, 또한 흥미와 지적 호기심을 충족

시킬 수 있습니다.

❷ 이 책에서의 내용은 고등학교 기하의 내용과 직접적으로 연결됩니다. 따라서 학교 수학에서 관련된 단원을 학습할 때 많은 면에서 참고 자료로 쓰일 수 있습니다.

❸ 소재 자체가 고등학교 기하에서 주로 다루어지는 것이고, 어려운 공식이 중간중간 나오기는 하지만, 수학을 좀 더 깊이 알고 싶은 중학교 학생들에게는 원과 타원과 쌍곡선을 비교하여 보는 기회를 제공해 줍니다.

❹ 고등학교 학생들에게는 원뿔곡선에 대한 기본적인 내용을 점검할 수 있는 기회를 제공하고 또한 수리 논술을 대비할 수 있는 자료로도 활용될 수 있습니다.

3 교과 연계표

학년	단원(영역)	관련된 수업 주제 (관련된 교과 내용 또는 소단원명)
고 1(공통수학2)	도형의 방정식	도형의 이동
고 2~3(기하)	이차곡선	이차곡선1

4 수업 소개

1교시 납작한 원이 타원?

수학적으로 타원이란 무엇을 의미하는지 그 의미를 알아보고 직접 타원을 그려 보면서 그 의미를 반성해 봅니다. 그리고 어떤 것에 따라 타원의 모양이 변하게 되는지를 살펴봅니다.

- 선행 학습 : 원, 원의 성질
- 학습 방법 : 타원의 정의를 무조건 외우기보다는 원의 정의와 비교하면서 어떤 점에서 차이가 나는지를 생각하면서 공부합니다. 타원의 정의를 이용해서 타원을 어떻게 그리는지 직접 따라 해 보고, 다양한 타원을 그려 봅니다. 그리고 나서 어떤 것이 타원의 모양을 다르게 만드는지를 탐구합니다.

2교시 타원을 식으로 나타내면?

이 수업에서는 타원의 정의를 이용하여 타원을 방정식으로 나타내는 방법에 대해 공부합니다. 그리고 다양한 타원의 방정식을 다루어 보고, 그 것을 좌표평면에 어떻게 나타내는지를 알아봅니다.

- **선행 학습** : 점과 점 사이의 거리, 곱셈공식, 다항식의 계산, 점의 평행이동, 도형의 평행이동
- **학습 방법** : 타원의 정의에서 타원의 방정식을 유도하는 과정을 이해합니다. 첫 번째 수업과 마찬가지로 타원의 방정식을 원의 방정식과 비교하면서 익히고, 다양한 타원의 방정식을 통해서 타원의 형태를 익힙니다. 특히 $\frac{x^2}{a^2}+\frac{y^2}{b^2}=1$에서 $a>b$일 때와 $a<b$일 때가 어떤 점이 다른지를 주의합니다. 이 단원은 고등학교 자연계에서는 아주 중요하게 다루어지는 부분이므로 깊이 있게 공부합니다.

3교시 쌍곡선이란?

이 수업에서는 쌍곡선의 의미를 알아보고 직접 쌍곡선을 그려 봅니다. 여러 가지 쌍곡선을 그려 보면서 모양이 어떻게 달라지는지 확인해 봅니다.

- **선행 학습** : 점과 점 사이의 거리
- **학습 방법** : 쌍곡선의 정의를 타원의 정의와 비교해서 공부합니다. 그리고 쌍곡선의 정의를 이용하여 직접 쌍곡선을 그려 봅니다. 이때 공식 외우듯이 쌍곡선의 모양을 외우기보다는 조건을 다양하게 변화시켜 여러 가지 쌍곡선을 직접 그려서 쌍곡선의 형태에 영향을 미

치는 요소들이 무엇인지를 살펴봅니다.

4교시 쌍곡선을 식으로 나타내면?

이 수업에서는 쌍곡선의 정의를 이용하여 쌍곡선을 방정식으로 나타내 봅니다. 다양한 형태의 쌍곡선의 방정식을 다루어 보고 그것을 좌표평면에 어떻게 그리는지를 공부합니다. 그리고 쌍곡선의 가장 큰 특징인 점근선에 대해 알아봅니다.

- **선행 학습** : 점과 점 사이의 거리, 곱셈공식, 다항식의 계산, 극한, 직선의 방정식, 점의 평행이동, 도형의 평행이동
- **학습 방법** : 쌍곡선의 정의를 바탕으로 쌍곡선의 방정식이 유도되는 과정을 이해하면서 쭉 읽어 나갑니다. 쌍곡선의 방정식을 익힐 때는 타원의 방정식과 비교하여 어떤 공통점과 차이점이 있는지 비교하면서 공부합니다. 특히 쌍곡선에서는 점근선에 주의하여 공부합니다. 쌍곡선에서 점근선이 왜 존재하는지 이해하고, 이것이 포물선과 쌍곡선을 구별하는 가장 결정적인 특징임을 이해합니다. 쌍곡선의 방정식까지 익히면 원뿔곡선에 대한 방정식을 모두 배운 셈이므로 원부터 시작하여 쭉 정리하는 시간을 갖습니다.

5교시 원 속에 숨어 있는 타원과 쌍곡선

동심원들 속에서 여러 가지 타원과 쌍곡선을 찾아봅니다. 그리고 원을

이용하여 종이를 접어서 타원과 쌍곡선을 만들어 봅니다.
- **선행 학습** : 원, 원의 성질, 삼각형의 합동
- **학습 방법** : 직접 동심원들 속에서 타원과 쌍곡선을 찾아봅니다. 타원과 쌍곡선을 찾을 때 타원과 쌍곡선의 의미를 다시 생각하고, 왜 그렇게 되는지 이유를 생각하면서 찾습니다. 그리고 본문에서 제시된 것과 같이 종이를 직접 접어 타원과 쌍곡선을 만들어 봅니다. 이때 서로 어떤 차이점이 있는지, 어떻게 접은 모양이 타원과 쌍곡선이 되는지 그 이유를 설명할 수 있도록 합니다.

6교시 이심률로 본 원뿔곡선

이 수업에서는 타원이 찌그러진 정도를, 이심률을 통해 나타내 봅니다. 타원에 적용한 이심률을 다른 원뿔곡선에 적용하여 각 곡선의 이심률을 구해 봅니다. 그리고 이심률을 통해 원뿔곡선을 분류해 봅니다.

- **선행 학습** : 점과 점 사이의 거리, 포물선의 방정식, 닮음, 극한
- **학습 방법** : 이심률이라는 어려운 개념을 공식으로 외우기보다는 첫 번째 시간에 공부한 타원의 모양을 결정하는 요소들을 생각하면서 타원에서 이심률 공식을 유도하는 과정을 이해합니다. 이 공식을 이용하여 원과 쌍곡선의 이심률을 구해 보고 난 후 이심률을 이용하여 원뿔곡선을 분류할 수 있음을 이해합니다. 이심률의 정의에 따라 타원과 쌍곡선을 다룰 때, 준선과 초점에 너무 집중하지 않도록 하고,

또 이 부분과 관련하여 복잡한 수식에 매달리지 않도록 합니다. 이 부분은 학교 수학을 넘는 부분이므로 참고만 합니다.

7교시 생활 속에서 찾은 타원과 쌍곡선

이 수업에서는 지금까지 배운 타원과 쌍곡선이 우리 생활에서 어떻게 쓰이는지 소개하고 있습니다. 타원과 쌍곡선이 쓰인 예를 훑어보고 수학의 유용성을 느껴 봅니다.

- **선행 학습** : 포물선의 성질
- **학습 방법** : 본문의 내용을 쭉 읽어 나가면서 타원과 쌍곡선이 우리 생활 여러 방면에서 이용되고 있음을 느낍니다.

아폴로니우스를 소개합니다

Apollonius(B.C. 262?~B.C. 190?)

나는 고대 그리스의 천문학자이며 수학자입니다.

원뿔곡선을 연구하여 모든 종류의 원뿔곡선을 알아냈지요.

그런데 원뿔곡선이 무엇이냐고요? 평면이 원뿔과 만나서 만들어 내는 여러 가지 아름다운 곡선을 말해요.

나는 내가 쓴 《원뿔곡선론Conics》에서 타원, 포물선, 쌍곡선을 소개했지요. 평면이 원뿔의 어느 부분과 어떻게 만나느냐에 따라 여러 가지 다른 모양의 곡선이 만들어진답니다.

내가 이 사실을 알아낸 덕에 많은 곳에서 원뿔곡선이 사용되고 있지요.

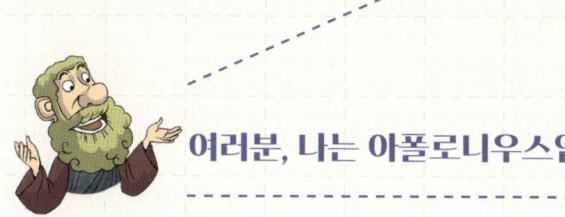
여러분, 나는 아폴로니우스입니다

안녕하세요. 나를 기억하나요? 나는 유클리드와 아르키메데스와 더불어서 고대 그리스 시대 3대 수학자 중 한 명인 아폴로니우스입니다. 나는《원뿔곡선론》이라는 책에서 원뿔곡선에 관한 이론을 정리하고 각각의 원뿔곡선에 이름을 붙여 준 것으로 유명하답니다. 이전에《아폴로니우스가 들려주는 이차곡선 1 이야기》을 수업했는데 설마 그동안 새까맣게 까먹은 것은 아니지요? 어쨌든 다시 만나 반가워요.

이전 수업에서는 원뿔곡선이 어떻게 생겼고 어떻게 발달하게 되었는지를 쭉 보고, 원뿔곡선 중에서 원과 포물선에 대해

아폴로니우스의 개념 체크

살펴보았죠? 이번 수업에서는 나머지 원뿔곡선인 타원과 쌍곡선에 대해 공부할 거예요. 수업에 들어가기에 앞서 미리 말해 둘 게 있어요. 사실 이번 수업에서 공부하게 될 타원과 쌍곡선은 어려운 부분이라는 거예요. 고등학교 기하에서 다루어지니까 얼마나 어려운 내용인지 대충 짐작하겠죠? 하지만 수학의 모든 것은 정의에서 비롯된다는 사실! 그 내용이 조금 어렵다 할지라도 정의만 확실하게 알고 있다면 얼마든지 이해할 수 있답니다. 설마 '난 고등학생도 아닌데 어떻게 저것을 이해해.'라고 생각하는 친구들은 없겠지요? 중간중간 어려운 수식이 나오기도 하지만 타원과 쌍곡선의 정의를 원과 비교하여 확실하게 익히고 그 방정식의 형태도 서로 비교하여 익혀 보세요. 그리고 전체적으로 원뿔곡선이 서로 어떤 점에서 차이가 나고 어떤 점에서 비슷한지 비교하면서 공부해 보세요.

1교시

납작한 원이 타원?

타원의 정의와 타원을
그리는 방법을 알아봅시다.

수업 목표

1. 타원의 정의를 알아봅니다.
2. 타원을 그리는 방법을 알아보고 여러 가지 타원을 그려서 타원의 모양을 탐구합니다.

미리 알면 좋아요

1. **원** 한 점에서 같은 거리만큼 떨어진 점들의 모임입니다.

2. **원뿔곡선** 원추곡선이라고도 합니다. 원뿔을 잘랐을 때 생기는 곡선으로 원, 타원, 포물선, 쌍곡선이 있습니다.

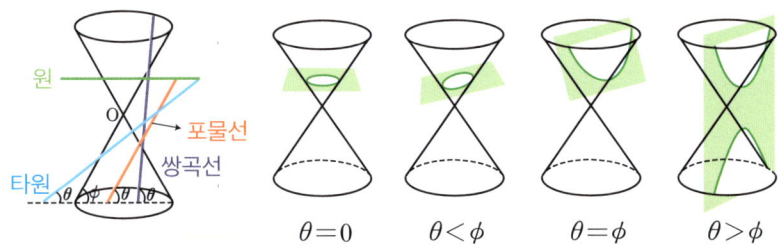

아폴로니우스의 첫 번째 수업

여러분, 오늘은 원뿔곡선 중에서 타원에 대해 알아볼 거예요.

우리 주변에서 타원 모양을 찾아볼까요? 타원 모양을 한 것에는 어떤 것이 있을까요?

"제가 제일 좋아하는 달걀이요."

"운동장 트랙이요."

"떡국 떡도 타원이에요."

"양파도요."

그럼 어떤 모양을 타원이라고 할까요?

"납작한 원이요."

"원뿔을 밑면과 평행하게 자른 단면은 원 모양이고, 밑면과 모선이 이루는 각도보다 작게 자른 단면은 타원 모양이었어요."

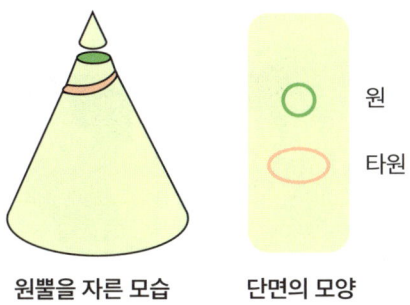

원뿔을 자른 모습   **단면의 모양**

"원을 이렇게 눌러요. 그러면 타원 모양이 돼요."

원   타원   타원

우리는 한 점에서 일정한 거리만큼 떨어진 점들의 모임을 원이라고 정의했습니다. 이렇게 좀 더 정확하고 확실하게 타원을 어떻게 말할 수 있을까요? 원과 비교해서 그 모양을 살펴볼까요?

"그러고 보니까 타원은 중심에서부터의 거리가 모두 달라요."

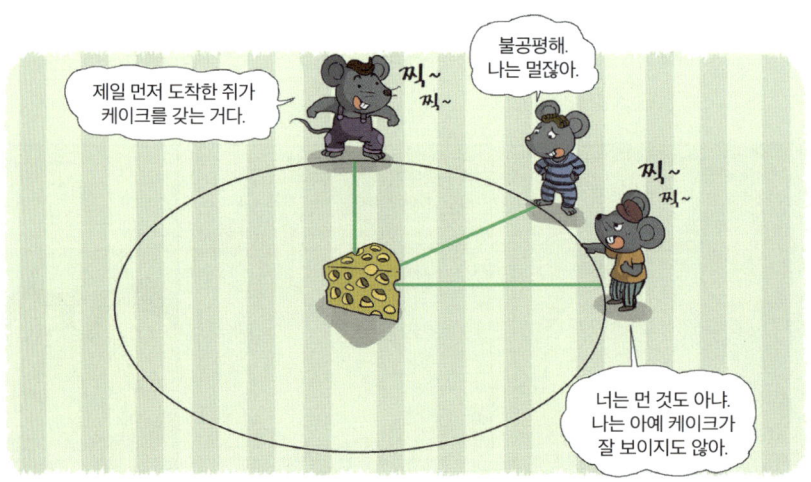

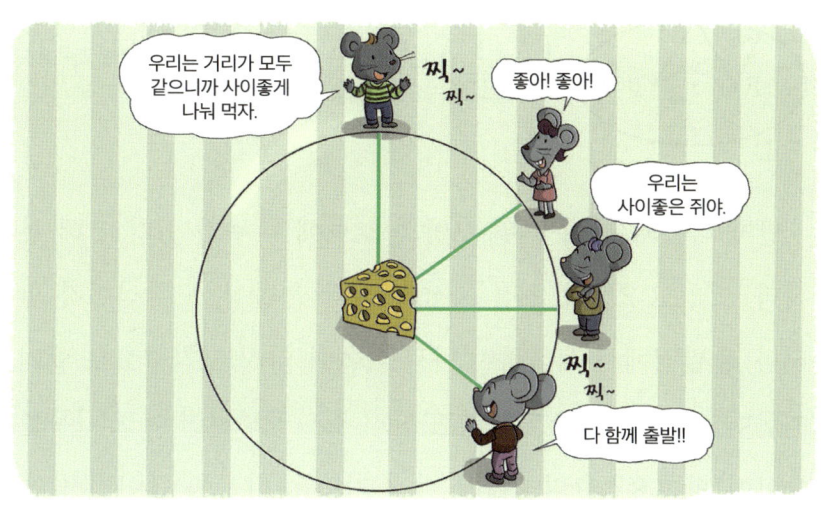

그렇습니다. 그래서 타원은 원처럼 중심에 있는 한 점에서 정의할 수 없답니다. 그래서 타원을 정의할 때는 2개의 점을 이야기합니다. 우리는 그런 점을 초점이라고 부릅니다.

타원이란, 평면 위의 2개의 초점에서부터 거리의 합이 같은 점들의 모임을 말합니다. 예를 들어 다음과 같이 두 초점으로 F와 F'을 갖는 타원이 있습니다. 이 타원에서는 언제나 $\overline{FA}+\overline{F'A}=\overline{FB}+\overline{F'B}=\overline{FC}+\overline{F'C}=\overline{FD}+\overline{F'D}$가 성립하게 됩니다. 즉, 타원 위의 임의의 점을 P라고 하면, 타원에서는 언제나 $\overline{PF}+\overline{PF'}=$(일정한 값)이 됩니다.

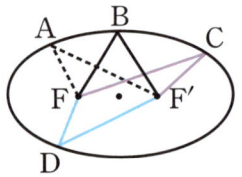

$\overline{FA}+\overline{F'A}=\overline{FB}+\overline{F'B}=\overline{FC}+\overline{F'C}=\overline{FD}+\overline{F'D}$
$\overline{PF}+\overline{PF'}=$ (일정한 값) 점 P는 타원 위의 임의의 점

 만약 다음과 같이 타원 모양의 트랙에 나무가 있다고 해 봅시다. 그리고 2개의 초점 지점을 각각 출발점, 도착점이라 합시다. 출발점에서 시작하여 나무를 돌아 다시 도착점으로 달리기한다고 했을 때 가장 빨리 도착점에 도착하려면 어느 나무를 돌아야 할까요? 출발점에서 가장 가까운 나무를 돌아야 할까요? 아니면 도착점에서 가장 가까운 나무를 돌아야 할까요? 그것도 아니면 출발점과 도착점에서 같은 거리만큼 떨어진 나무를 돌아야 할까요? 중심에서 가장 가까운 나무를 돌아야 할까요? 여러분이라면 어떤 나무를 돌 건가요?

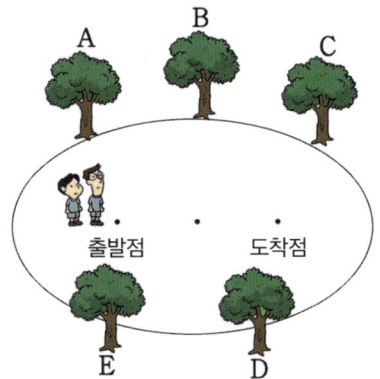

하하하, 눈치챘죠? 트랙 모양이 타원이고, 출발점과 도착점이 타원의 두 초점이네요. 그리고 나무는 타원 위에 있고요. 타원 위의 한 점과 두 초점과의 거리의 합은 항상 같으므로 달리는 속도가 일정하다면, 사실 어느 나무를 고르더라도 상관없답니다. 다시 말하면 A를 고르든, B를 고르든, C를 고르든 간에 달리는 거리는 항상 일정하게 같아서 아무 나무나 마음에 드는 나무를 선택해서 돌면 된다는 것이지요.

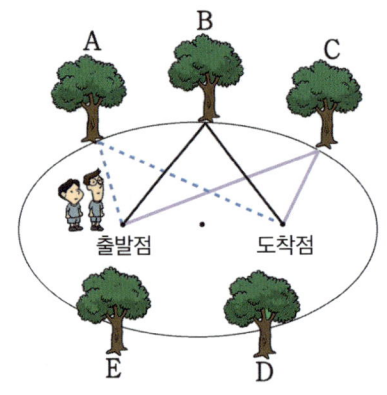

어느 나무를 골라도 달리는 거리는 모두 같습니다.

원에서는 중심이 기준이 되었다면, 타원에서는 두 초점이 기준이 됩니다. 그리고 원에서는 중심으로부터 거리가 일정한 점들의 모임이라면 타원은 두 초점으로부터 거리의 합이 일정한 점들의 모임입니다.

그리고 도형을 그리는 방법에서도 차이가 난답니다. 줄을 이용하여 원을 그리려면 줄의 한쪽 끝을 고정하고 다른 한쪽에 연필이나 펜을 달아 줄을 팽팽하게 하여 그리면 되었지요? 그럼 타원은 어떻게 그릴까요? 타원도 원처럼 한쪽 끝만 고정해서 그릴 수 있을까요? 그것이 아니라는 것을 여러분은 눈치챘지요? 정의에서도 볼 수 있듯이 원과 타원의 가장 큰 차이점은 1개의 점을 기준으로 하느냐 또는 2개의 점을 기준으로 하느냐입니다. 따라서 원을 그릴 때 한쪽 끝을 고정했다면, 타원을 그릴 때에는 2개의 점을 고정해야 합니다. 자, 우리 함께 타원을 그려 봅시다.

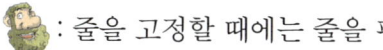

따라해 보세요!

① 먼저 늘어나지 않는 줄과 펜을 준비해요.

② 줄의 양쪽 끝을 고정해요. 스티로폼에 줄을 놓고 압정으로 고정하면 편해요. 스티로폼이 없을 때는 바닥에 종이를 깔고 테이프로 줄이 빠지지 않게 단단하게 고정해요.

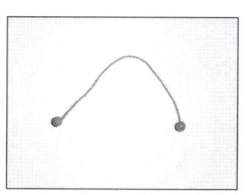

: 줄을 고정할 때에는 줄을 팽팽하게 놓고 고정하면 안 돼요. ④ 옆의 사진과 같이 줄이 느슨하도록 고정해야 해요.

③ 펜을 오른쪽 사진과 같이 줄에 끼워 줄을 팽팽하게 하면서 펜을 움직여 보아요.
　타원이 그려지는 것이 보이지요?

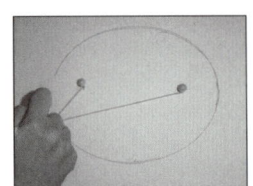

④ 줄의 양 끝을 고정한 곳을 F와 F′라고 할 때 $\overline{FF'}$의 길이를 다양하게 하여 타원을 여러 개 그려 보세요. 그리고 줄의 길이도 다양하게 하여 타원을 여러 개 그려 보세요.

여러분도 타원을 모두 그려 보았나요? 이렇게 타원을 그리는 방법도 원과 마찬가지로 정의를 이용한 것이랍니다. 위에서 늘어나지 않는 줄의 양 끝을 고정한 다음 펜을 끼워서 팽팽하게 하면서 그리면, 양쪽 끝점 F, F′과 타원의 한 점과의 거리의 합은 언제나 줄의 길이와 같아집니다. 즉, 줄을 고정한 점 F와 F′은 타원의 초점이 되고, 펜이 그리는 도형의 모든 점은 두 초점으로부터 거리의 합이 언제나 일정하므로 타원이 됩니다. 어때요? 간단하지요?

 이젠 타원을 그리는 방법이 이해가 되었지요? 이번에는 $\overline{FF'}$의 길이를 다양하게 바꾸어서 타원을 그려 봅시다. 다음은 길이가 모두 같은 줄을 가지고 $\overline{FF'}$의 길이를 다르게 하여 그린 타원들입니다.

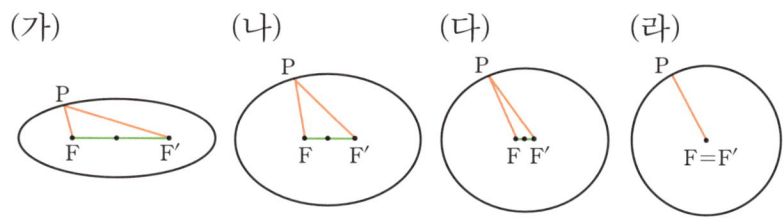

(가)의 타원이 $\overline{FF'}$의 길이가 가장 길고 (나), (다)로 갈수록 그 길이가 점점 짧아져서 (라)에 이르게 되면 $\overline{FF'}$의 길이가 0이 되는 경우입니다. 두 초점의 거리가 길수록 타원은 점점 납작한 모양이 되고, 두 초점이 거리가 짧을수록 타원은 점점 원 모양에 가까워집니다. 만약 두 초점의 거리가 0이라면 두 초점이 하나로 되면서 원이 된답니다. 이것을 통해서 우리는 '원이 타원의 한 부분'이 된다는 것을 알 수 있습니다. 마치 정사각형이 직사각형에 포함되는 것처럼 말이에요.

이번에는 두 초점을 F와 F′이라 하고 타원 위의 한 점을 P라고 할 때 $\overline{PF}+\overline{PF'}$의 값을 다양하게 바꾸어서 타원을 그려 봅시다. 다음은 두 초점 사이의 거리 $\overline{FF'}$가 일정하고 $\overline{PF}+\overline{PF'}$의 값이 점점 커질 때 타원의 모양입니다.

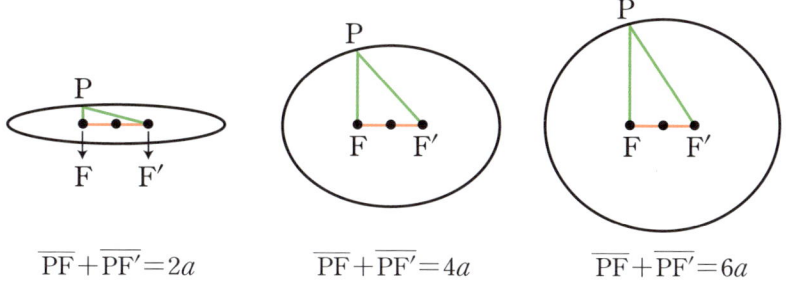

두 번째 타원은 $\overline{PF}+\overline{PF'}$의 값이 첫 번째 타원의 2배이고, 세 번째 타원은 첫 번째 타원의 3배입니다. 타원이 점점 더 커지는 것을 알 수 있습니다. 하지만 $\overline{PF}+\overline{PF'}$의 값이 점점 커진다고 타원이 점점 원에 가까워지는 것은 아니랍니다. 이것은 세 번째 수업에서 왜 그런지 살펴보도록 해요.

원을 그릴 때와 비교해 보면, 원은 그 중심이 어디에 있느냐에 따라서 원의 모양이 바뀌지는 않습니다. 원의 모양을 결정 짓는 것은 원의 중심으로부터 원의 한 점까지의 거리, 바로 원의 반지름 하나뿐이지요. 하지만 타원의 모양을 결정짓는 것은 두 초점의 거리 $\overline{FF'}$과 두 초점과 타원 위의 한 점과의 거리의 합 $\overline{PF}+\overline{PF'}$, 이렇게 두 가지 요소랍니다. 이렇게 타원에서는 두 초점이 아주 중요하답니다.

수업정리

❶ 타원이란 2개의 초점에서부터 거리의 합이 같은 점들의 모임을 말합니다.

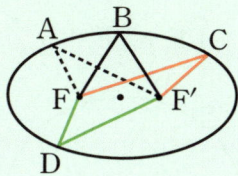

$\overline{FA}+\overline{F'A}=\overline{FB}+\overline{F'B}=\overline{FC}+\overline{F'C}=\overline{FD}+\overline{F'D}$
$\overline{PF}+\overline{PF'}=$ (일정한 값) 점 P는 타원 위의 임의의 점

❷ 타원을 그리려면 늘어나지 않는 줄의 양 끝을 고정한 후 펜을 끼워서 줄을 팽팽하게 하면서 그리면 됩니다. 단, 이때 줄의 길이보다 고정한 두 지점의 길이가 더 짧아야 합니다. 이때 고정시킨 두 지점이 타원의 초점이 되고, 이 2개의 지점으로부터 펜까지의 거리의 합은 언제나 줄의 길이로 같으므로 타원이 됩니다.

❸ 타원의 모양을 결정짓는 것에는 다음과 같이 두 가지가 있습니다.
① 두 초점 사이의 거리가 짧을수록 원에 가까운 타원이 그려집니다. 원은 타원의 일부랍니다.

② 두 초점으로부터 타원의 한 점까지의 거리의 합이 크면 클수록 큰 타원이 그려집니다.

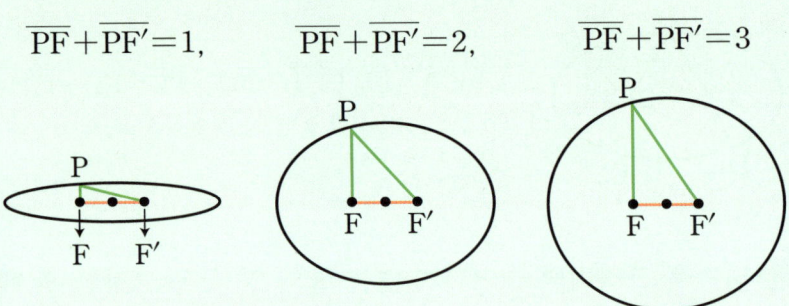

2교시

타원을 식으로 나타내면?

타원의 정의를 이용하여 타원을 식으로 나타내 보고
식이 주어졌을 때 타원을 그리는 방법에 대해 알아봅시다.

수업 목표

1. 타원을 방정식으로 나타낼 수 있습니다.
2. 타원의 방정식이 주어졌을 때 타원의 모양을 그릴 수 있습니다.

미리 알면 좋아요

평행이동 좌표평면에서 어떤 점이나 도형을 일정한 방향으로, 일정한 거리만큼 옮기는 것을 평행이동이라고 합니다.

- 점의 평행이동

점 (x, y)를 x축으로 m만큼, y축으로 n만큼 평행이동시키면, $(x+m, y+n)$입니다.

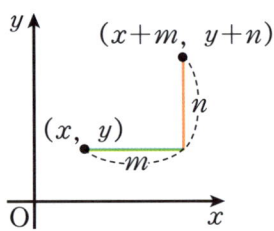

- 도형의 평행이동

x, y에 대한 방정식 $f(x, y)=0$이 나타내는 도형을 x축의 방향으로 m, y축의 방향으로 n만큼 평행이동한 도형의 방정식은 $f(x-m, y-n)=0$입니다.

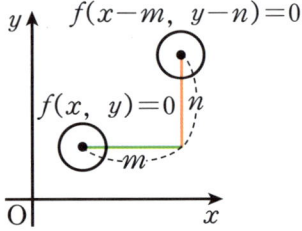

아폴로니우스의
두 번째 수업

 지난번 시간에 배웠던 타원의 정의 잘 기억하고 있지요? 오늘은 이 정의를 이용하여 타원을 방정식으로 나타내 볼 거예요.

 다음과 같은 타원이 있습니다. 타원의 중심은 원점에 있고, 타원의 초점은 각각 $F(-k, 0)$, $F'(k, 0)$입니다. 점 P가 타원 위의 한 점 (x, y)이고, $\overline{PF}$와 $\overline{PF'}$의 합이 $2a$로 일정하다고 할 때 점 $P(x, y)$가 나타내는 식을 구해 봅시다.

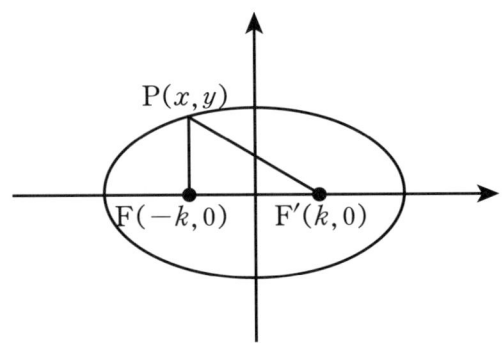

$\overline{PF} + \overline{PF'} = 2a$

$\sqrt{(x+k)^2+y^2} + \sqrt{(x-k)^2+y^2} = 2a$

$\sqrt{(x+k)^2+y^2} = 2a - \sqrt{(x-k)^2+y^2}$

양변을 제곱하여 정리하면
$a\sqrt{(x-k)^2+y^2} = a^2 - kx$

이 식을 또 양변을 제곱하여 정리하면
$(a^2-k^2)x^2 + a^2y^2 = a^2(a^2-k^2)$

여기에서 $a^2-k^2=b^2(b>0)$으로 놓으면,
$b^2x^2 + a^2y^2 = a^2b^2$

양변을 a^2b^2으로 나누면 다음과 같습니다.

$\dfrac{x^2}{a^2}+\dfrac{y^2}{b^2}=1$ (단, $a>b>0$, $k^2=a^2-b^2$)

이런 식을 타원방정식의 표준형이라고 합니다.

식이 조금 복잡하지요? 그런데 차근차근 빼먹지 않고 정리하면 그렇게 어렵지만도 않아요.

$\dfrac{x^2}{a^2}+\dfrac{y^2}{b^2}=1$ (단, $a>b>0$, $k^2=a^2-b^2$) 꼴의 타원에서

$x=0$이면 $\dfrac{y^2}{b^2}=1$ ∴ $y=b$ 또는 $y=-b$

$y=0$이면 $\dfrac{x^2}{a^2}=1$ ∴ $x=a$ 또는 $x=-a$입니다.

이 타원이 x축과 만나는 점을 점 A와 A′라 하고, y축과 만나는 점을 점 B와 B′이라고 하면, A(a, 0), A′($-a$, 0)이고 B(0, b), B′(0, $-b$)이 됩니다.

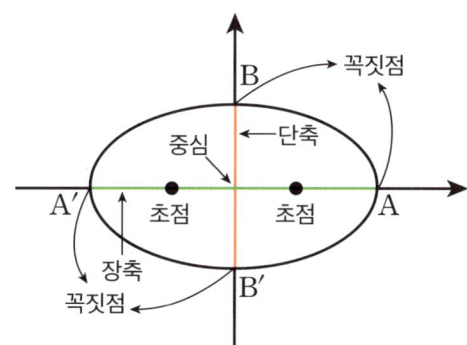

이때 $\overline{AA'}$과 $\overline{BB'}$을 타원의 축이라고 하는데, 특히 두 초점이 있는 긴 축 $\overline{AA'}$을 장축이라 하고, 짧은 축 $\overline{BB'}$을 단축이라고 합니다. 여기에서 장축의 길이는 $2a$가 되

고, 단축의 길이는 $2b$가 됩니다. 그리고 장축과 단축이 만나는 점을 타원의 중심이라고 하고, 4개의 점 A, A′, B, B′을 타원의 꼭짓점이라고 합니다. 마지막으로 초점의 좌표는 $(\sqrt{a^2-b^2}, 0)$, $(-\sqrt{a^2-b^2}, 0)$이 됩니다.

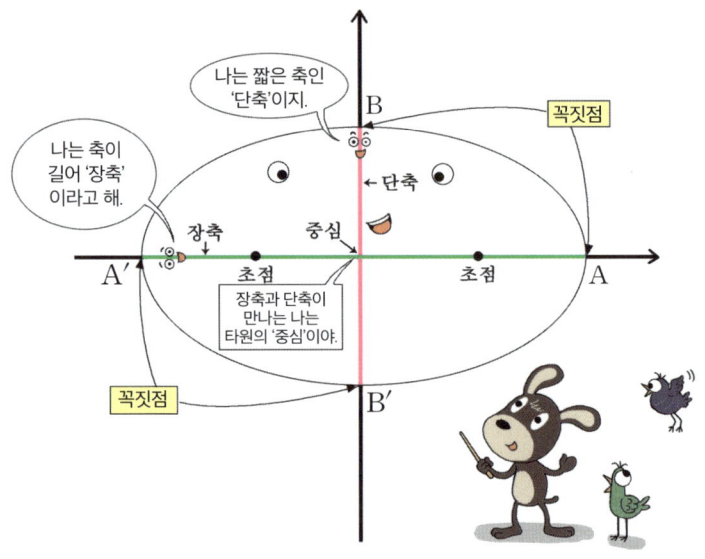

위의 타원은 장축이 x축에 있을 때인데 만약 장축이 y축에 있을 때에는 타원의 식이 어떻게 될까요? 장축이 y축 위에 있으니까 당연히 두 초점도 y축에 있겠지요? 그리고 모양은 옆으로 뚱뚱한 타원이 아니라 키가 큰 날씬한 모양의 타원이 되고요. 이때는 두 초점이 F$(0, k)$, F′$(0, -k)$가 되고, 타원 위의 한 점을 P(x, y)라고 하면 $\overline{PF} + \overline{PF'} = 2b$가 됩니다.

이것을 정리하면 다음과 같습니다.

$$\frac{x^2}{a^2} + \frac{y^2}{b^2} = 1 \,(단, b > a > 0, k^2 = b^2 - a^2)$$

이 타원에서 장축의 길이는 $2b$, 단축의 길이는 $2a$가 됩니다. 그리고 초점의 좌표는 $(0, \sqrt{b^2-a^2})$, $(0, -\sqrt{b^2-a^2})$이 됩니다.

물론 2개의 타원 모두 중심은 $(0, 0)$이고요.

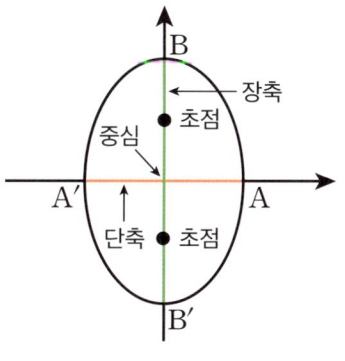

그러고 보니 타원방정식의 표준형은 옆으로 뚱뚱하나 위아래로 날씬하나 그 형태가 모두 같네요. 단, 차이라면 a가 b보다 크냐, 또는 b가 a보다 크냐의 차이이지요. 물론 a와 b의 크기에 따라 초점의 좌표를 나타내는 k값을 구하는 방법도 약간 달라지겠지요. 그래도 헷갈리지 않는 게 k의 값을 구할 때 큰 값에서 작은 값을 빼면 되니까 크게 어려운 것은 없겠지요?

지금까지 배운 타원의 방정식을 바탕으로 이번에는 타원을 직접 좌표평면 위에 그려 봅시다.

타원 $\dfrac{x^2}{9}+\dfrac{y^2}{4}=1$은 어떻게 그릴까요? 먼저 타원의 중심과 꼭짓점을 알아봅시다.

타원의 중심은 $(0, 0)$입니다. $a=3$이고, $b=2$이므로 꼭짓점은 $(3, 0), (-3, 0), (0, 2), (0, -2)$입니다. 그리고 $k=\pm\sqrt{9-4}=\pm\sqrt{5}$이므로 초점은 $(\sqrt{5}, 0), (-\sqrt{5}, 0)$입니다. 이것을 좌표평면에 표시하고 꼭짓점을 이으면 다음과 같습니다.

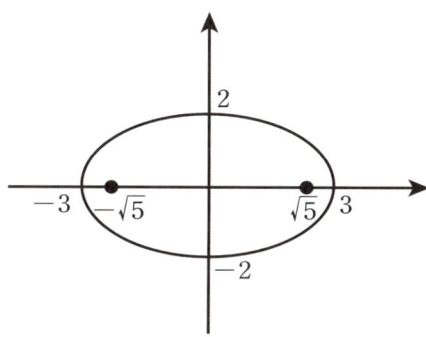

이번에는 $9x^2+5y^2=45$라는 방정식이 있습니다. 이 방정식이 나타내는 도형은 무엇일까요? 바로 타원이랍니다. 이런 형태가 어떻게 타원의 방정식이 되느냐고요? 물론 그냥 보면 잘 보이지 않지만, 약간의 조작을 하면 타원의 방정식임을 쉽게 알 수 있습니다.

우변의 상수항을 1로 만들어 보세요. 양변을 45로 나누면, $\dfrac{x^2}{5}+\dfrac{y^2}{9}=1$이 되고, 이것은 중심이 $(0, 0)$이고 $a=\sqrt{5}$, $b=3$인 $b>a$인 타원이 됩니다. 이 타원의 꼭짓점은 $(\sqrt{5}, 0)$, $(-\sqrt{5}, 0)$, $(0, 3)$, $(0, -3)$이고, $k=\pm\sqrt{9-5}=\pm 2$이므로 초점은 $(0, 2)$, $(0, -2)$입니다. 꼭짓점을 연결하면 바로 다음과 같은 타원이 됩니다.

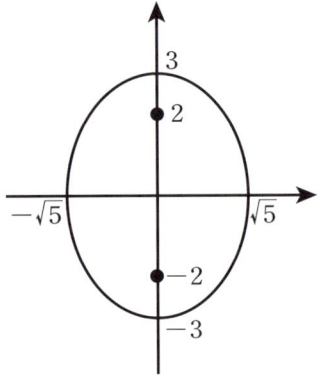

마지막으로 한 단계 더! 이건 조금 어렵답니다.

$4x^2+9y^2-8x-36y+4=0$도 타원의 방정식이 될까요? 전혀 예측하지 못하겠지요? 이럴 때에는 x항끼리, y항끼리 정리해 보세요.

$$4x^2 - 8x + 9y^2 - 36y = -4$$
$$4(x^2 - 2x) + 9(y^2 - 4y) = -4$$

위에서 x항을 정리한 괄호 안에 1을 더하고, y항을 정리한 괄호 안에 4를 더한다면 괄호 안의 식을 완전제곱식으로 만들 수 있습니다. 하지만 실제로는 1과 4를 더한 것이 아니라, 괄호 앞에 4와 9가 곱해져 있으므로 4×1과 9×4를 더한 것임을 조심해야 해요. 그리고 좌변에만 이렇게 수를 더해 주는 것이 아니라, 이 수들을 우변에도 똑같이 더해서 등식에 변화가 없도록 해야 한답니다. 이것을 식으로 정리하면 다음과 같습니다.

$$4(x^2 - 2x + 1) + 9(y^2 - 4y + 4) = -4 + 4 + 36$$
$$4(x-1)^2 + 9(y-2)^2 = 36$$
$$\frac{(x-1)^2}{9} + \frac{(y-2)^2}{4} = 1$$

이 타원은 타원 $\frac{x^2}{9} + \frac{y^2}{4} = 1$을 x축으로 1만큼, y축으로 2만큼 평행이동시킨 것입니다.

 평행이동이란 그대로 위치만 옮기는 것이므로 장축의 길이나 단축의 길이, 타원의 크기는 전혀 바뀌지 않습니다. 단지 타원 위의 모든 점을 x축으로 1만큼 y축으로 2만큼 이동시키면 되지요.

 이렇게 평행이동시킨 타원을 그릴 때는 평행이동시키기 전의 타원을 그린 다음 문제에서 주어진 만큼 평행이동시키면 그리기 쉽답니다.

	$\dfrac{x^2}{9}+\dfrac{y^2}{4}=1$	$\dfrac{(x-1)^2}{9}+\dfrac{(y-2)^2}{4}=1$
타원의 중심	$(0,0)$	$(0+1, 0+2)$
꼭짓점	$(3,0)\ (-3,0)$ $(0,2), (0,-2)$	$(3+1, 0+2), (-3+1, 0+2)$ $(0+1, 2+2), (0+1, -2+2)$
초점	$(\sqrt{5}, 0), (-\sqrt{5}, 0)$	$(\sqrt{5}+1, 0+2), (-\sqrt{5}+1, 0+2)$
장축의 길이	6	6
단축의 길이	4	4

$\dfrac{(x-1)^2}{9}+\dfrac{(y-2)^2}{4}=1$은 $\dfrac{x^2}{9}+\dfrac{y^2}{4}=1$을 x축으로 1만큼, y축으로 2만큼 평행이동 시켜서 그립니다.

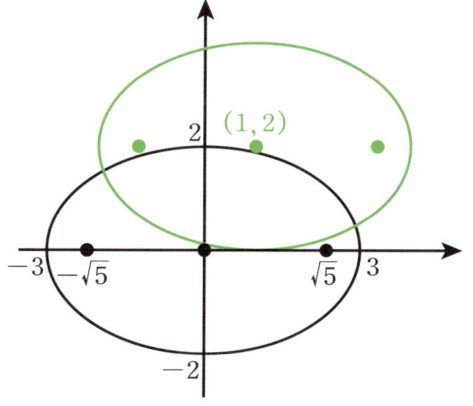

주어진 식이 타원의 방정식인지 아닌지 보려면 첫째, 상수항을 제외한 모든 항은 좌변에 두고, 상수항은 우변에 둡니다. 둘째, 좌변을 x와 y의 이차식_{완전제곱식}으로 고칩니다. 셋째, 우변의 상수항이 1이 되도록 적절하게 양변을 나눕니다. 이렇게 해서 그 꼴이 타원방정식의 표준형이 되는지 확인하면 됩니다.

수업 정리

❶ 타원 방정식의 표준형은 $\dfrac{x^2}{a^2}+\dfrac{y^2}{b^2}=1$입니다.

	$\dfrac{x^2}{a}+\dfrac{y^2}{b}=1$	
	$a>b$	$a<b$
타원의중심	$(0, 0)$	$(0, 0)$
꼭짓점	$(\pm a, 0)\ (0, \pm b)$	$(\pm a, 0)\ (0, \pm b)$
초점	$(\pm\sqrt{a^2-b^2}, 0)$	$(0, \pm\sqrt{b^2-a^2})$
장축의 길이	$2a$	$2b$
단축의 길이	$2b$	$2a$

❷ 타원 $\dfrac{(x-m)^2}{a^2}+\dfrac{(y-n)^2}{b^2}=1$ (단, $a>b>0$)은 타원 $\dfrac{x^2}{a^2}+\dfrac{y^2}{b^2}=1$을 x축으로 m만큼, y축으로 n만큼 평행이동한 것입니다. 따라서 중심은 (m, n), 꼭짓점은 $(\pm a+m, 0+n)$, $(0+m, \pm b+n)$, 초점은 $(\pm\sqrt{a^2-b^2}+m, 0+n)$이고, 장축의 길이는 $2a$, 단축의 길이는 $2b$입니다.

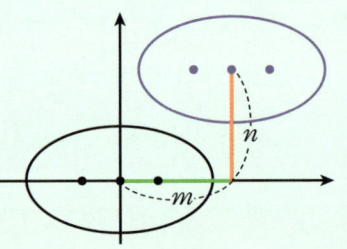

3교시

쌍곡선이란?

쌍곡선의 정의와 그리는 방법을 알아봅시다.

수업 목표

1. 쌍곡선의 정의를 알아봅니다.
2. 쌍곡선을 그리는 방법을 알아보고 여러 가지 쌍곡선을 그려 봅니다.

미리 알면 좋아요

곡률 곡선이 구부러진 정도를 말합니다. 곡선이 많이 구부러져 있으면 곡률이 크다고 말하고, 곡선이 조금 구부러져 있으면 곡률이 작다고 말합니다.

곡률이 작아요.
곡률이 커요.

아폴로니우스의
세 번째 수업

　여러분, 오늘은 원뿔곡선 중에서 마지막 곡선인 쌍곡선에 대해 알아볼 거예요. 이미 《아폴로니우스가 들려주는 이차곡선 1 이야기》에서 쌍곡선이 어떻게 나오는지 살펴보았습니다. 쌍곡선은 말뜻대로 곡선이 쌍으로 존재하는 것인데요, 이때 아무 곡선이나 무조건 2개만 있으면 쌍곡선이 되는 것이 아니랍니다. 사실, 원뿔곡선이 처음 만들어졌던 초기에는 쌍곡선이 지금과 같이 2개가 아니었던 것 기억나지요? 나 아폴로니우스가 원뿔을 이용하여 원뿔곡선을 설명함으로써 지금과 같이 2개인 곡선이 되었던 거였잖아요. 원뿔에서 밑면과 모선이 이루는 각도보다 더 큰 각도로 원뿔을 자르게 되면 쌍곡선이 된다는 것, 기억하고 있지요? 이런 원리는 주변에서도 쉽게 볼 수 있어요. 여러분이 길거리에서, 아니면 거실이나 실내 여러 곳에서 불빛을 잘 관찰해 보세요. 다음 사진과 같이 불빛은 원뿔 모양을 이루고 있고 벽이 그 원뿔을 자른다고 생각하면 불빛이 이루는 모양이 쌍곡선인 것이 보이나요?

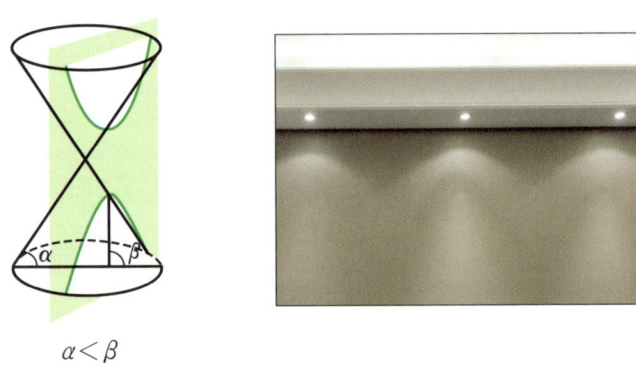

$α < β$

그런데 그 모양이 쌍곡선인지 포물선인지 잘 구별되지 않는다고요? 오늘은 이런 쌍곡선의 정의가 어떻게 되고, 그것을 어떻게 그릴 수 있을지 공부해 볼 거예요. 쌍곡선을 공부하기 앞

서서 쌍곡선을 좀 더 쉽게 공부하는 방법 하나! 쌍곡선을 공부할 때는 타원과 관련시켜서 공부하면 편해요. 사실 지난 시간에 배웠던 타원이 약간 복잡하고 조금은 새로웠지요? 그런데 오늘 공부할 쌍곡선은 타원과 접근하는 방식이 비슷하답니다. 중간중간 부호만 살짝 바꿔 주면 돼요.

먼저 쌍곡선의 정의부터 알아볼까요? 쌍곡선도 타원과 마찬가지로 2개의 점을 이야기해야 해요. 물론 이런 점을 쌍곡선에서도 초점이라 부르고요. 쌍곡선이란, 평면 위의 2개의 초점으로부터 거리의 차가 일정한 점들의 모임을 말합니다. 다음과 같이 두 초점이 F와 F'인 쌍곡선이 있다고 할 때, 이 쌍곡선 위의 점 A, B, C, D에 대해 언제나 $\overline{F'A}-\overline{FA}=\overline{F'B}-\overline{FB}=\overline{F'C}-\overline{FC}=\overline{FD}-\overline{F'D}$가 성립하게 됩니다. 간단하게 말하면 쌍곡선은 쌍곡선 위의 점P에 대해서 $|\overline{PF}-\overline{PF'}|=$(일정한 값)을 갖는다는 것입니다. 타원은 두 초점으로부터 '거리의 합'이 일정한 점들의 모임이었는데, 쌍곡선은 '거리의 차'라는 점이 서로 다르답니다. 그리고 또 하나! 모양은 서로 비슷해 보이지만 쌍곡선과 포물선은 그 정의 자체가 완전히 서로 다르다는 점 확인했죠?

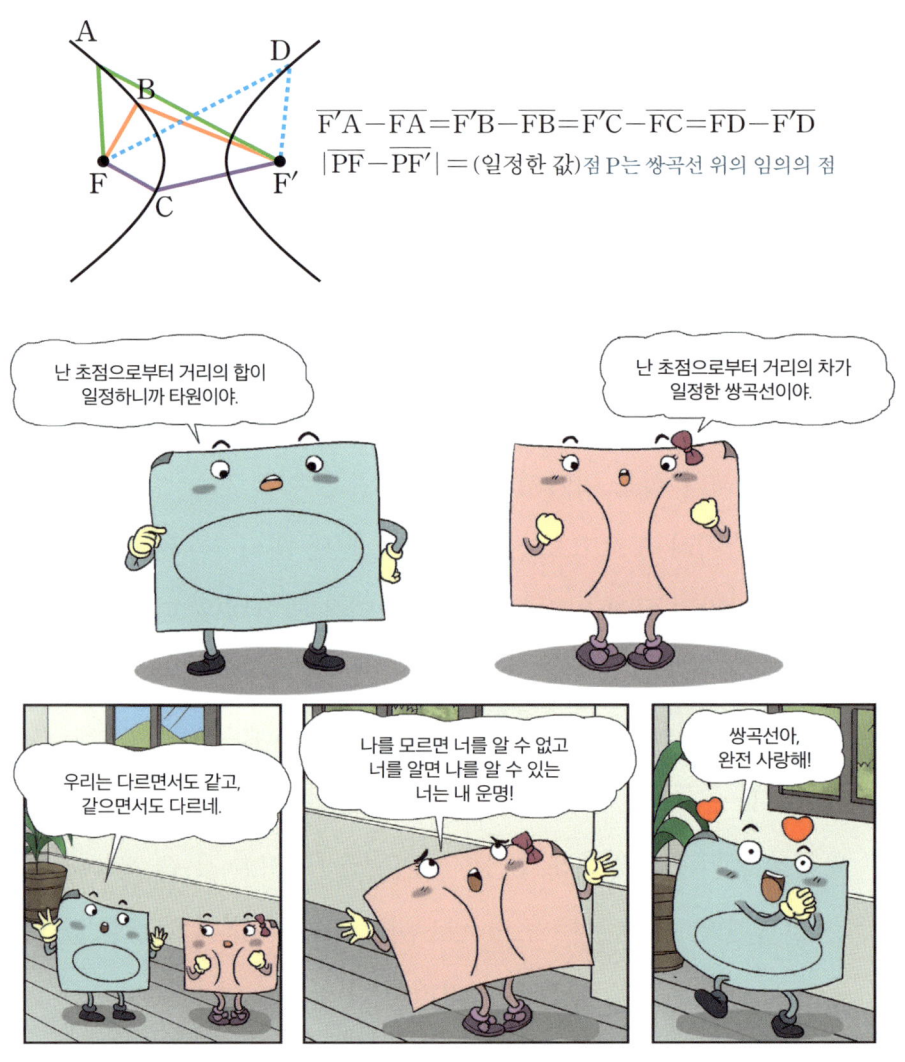

그럼 이런 쌍곡선은 어떻게 그릴까요? 우리 함께 그려 봐요.

> 쌍곡선을 직접 관찰해 보아요.

따라해 보세요!

① 종이, 연필, 빨대, 줄, 테이프를 준비합니다.

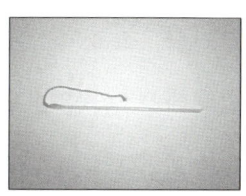

② 종이에 2개의 초점 F, F'을 찍습니다.

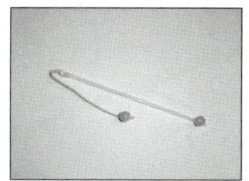

③ 줄을 빨대의 길이보다 짧게 자릅니다. 그러고 나서 빨대 끝에 줄을 테이프로 고정합니다.

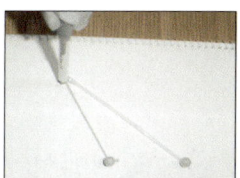

④ 줄을 고정하지 않은 빨대의 한쪽 끝을 한 초점에 압정으로 고정합니다. 그리고 줄의 한쪽 끝을 나머지 초점에 압정으로 고정합니다.

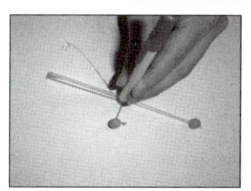

⑤ 연필로 줄을 빨대에 밀착시키면서 내려 긋습니다.

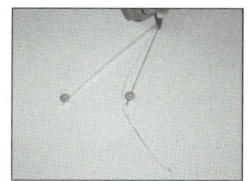

아폴로니우스의 세 번째 수업

이렇게 해서 그린 곡선이 어떻게 쌍곡선 될까요? 다음은 위에서 쌍곡선을 그렸던 장면 중에 한 장면을 그림으로 나타낸 것입니다. 초록색 선은 빨대를 나타내고, 검은색 선은 줄을 나타냅니다. 그림을 보면서 함께 이야기해요.

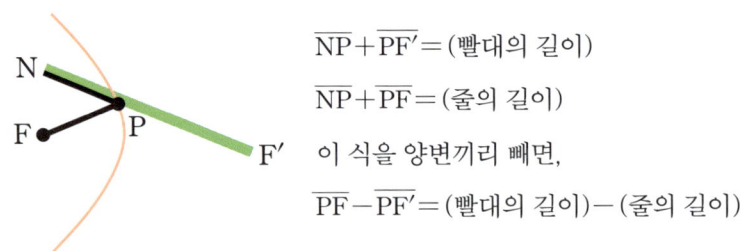

$\overline{NP}+\overline{PF'}=$(빨대의 길이)
$\overline{NP}+\overline{PF}=$(줄의 길이)
이 식을 양변끼리 빼면,
$\overline{PF}-\overline{PF'}=$(빨대의 길이)$-$(줄의 길이)

빨대의 길이에서 줄의 길이를 뺀 값은 항상 일정하므로, 점 P는 점 F와 F'으로부터 거리의 차가 항상 일정하게 됩니다. 그러므로 점 P가 그리는 곡선은 쌍곡선이 되는 것입니다. 이제는 그 원리를 알았지요? 이렇게 쌍곡선을 그릴 때는 빨대의 길이보다 줄의 길이를 항상 짧게 해야 합니다. 그 길이의 차가 바로 쌍곡선이 나오도록 하니까요.

위에서 빨대와 줄의 길이는 변화시키지 말고 초점의 위치를 변화시켜서 쌍곡선을 그려 봅시다. 빨대와 줄의 길이를 변화시키지 않았다는 것은 두 초점으로부터 거리의 차를 변화시키지 않았다는 것입니다. 두 초점으로부터 거리의 차를 변화시키지 않은 채 초점 사이의 거리를 좀 더 멀리 하면 다음 그림과 같이 쌍곡선의 모양은 점점 덜 구부러지게 됩니다. 즉, 곡률_{구부러짐}이 더 작아지는 것이지요.

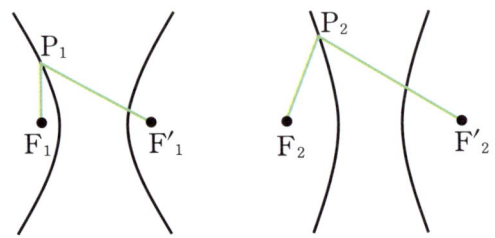

두 초점으로부터 거리의 차가 같으면,
초점 사이의 거리가 멀수록 쌍곡선의 곡률이 더 작아집니다.

이번에는 초점의 위치는 변화시키지 말고 줄의 길이를 점점 길게 해서, 즉 초점으로부터 거리의 차를 점점 더 작게 해서 쌍곡선을 그려 봅시다. 초점 사이의 거리는 그대로 유지한 채 초점으로부터의 거리 차를 점점 더 작게 하면 다음 그림과 같이 쌍곡선은 곡률이 더 작아집니다.

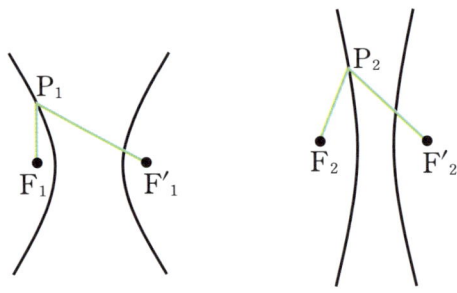

초점 사이의 거리가 같으면,
두 초점으로부터 거리의 차가 작을수록 쌍곡선의 곡률이 더 작아집니다.

우리는 이것으로부터 쌍곡선의 모양을 결정짓는 것은 두 초점 사이의 거리와 초점으로부터 거리의 차라는 것을 알 수 있습니다.

수업정리

❶ 쌍곡선이란 2개의 초점에서부터 거리의 차가 같은 점들의 모임을 말합니다.

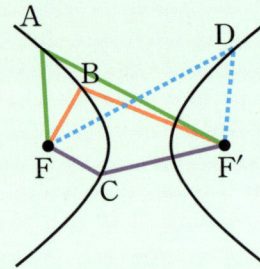

$\overline{F'A} - \overline{FA} = \overline{F'B} - \overline{FB} = \overline{F'C} - \overline{FC} = \overline{FD} - \overline{F'D}$
$|\overline{PF} - \overline{PF'}| = $ (일정한 값) 점 P는 쌍곡선 위의 임의의 점

❷ 쌍곡선의 모양을 결정짓는 것에는 다음과 같이 두 가지가 있습니다.
① 두 초점으로부터 거리의 차가 같은 상태에서 두 초점 사이의 거리를 멀리 할수록 쌍곡선은 구부러짐이 덜하게 됩니다.
② 두 초점 사이의 거리가 같은 상태에서 두 초점으로부터 거리의 차를 작게 할수록 쌍곡선은 구부러짐이 덜하게 됩니다.

4교시

쌍곡선을 식으로 나타내면?

쌍곡선의 정의를 이용하여 쌍곡선을 식으로 나타내 보고, 식이 주어졌을 때 쌍곡선을 그리는 방법에 대해 알아봅시다. 그리고 쌍곡선과 포물선이 서로 어떤 점이 다른지 알아봅시다.

수업 목표

1. 쌍곡선을 방정식으로 나타낼 수 있습니다.
2. 쌍곡선이 주어졌을 때 쌍곡선의 모양을 그릴 수 있습니다.
3. 쌍곡선의 점근선을 알아보고 포물선과의 차이점을 알아봅니다.

미리 알면 좋아요

1. **직선의 기울기** $= \dfrac{y\text{값의 증가량}}{x\text{값의 증가량}}$

2. **포물선의 방정식** 초점이 $(p, 0)$이고 준선이 $x = -p$인 포물선은 $y^2 = 4px$
   초점이 $(0, p)$이고 준선이 $y = -p$인 포물선은 $x^2 = 4py$

아폴로니우스의
네 번째 수업

 오늘은 쌍곡선을 방정식으로 나타내 보고, 포물선과 쌍곡선이 서로 어떤 차이점이 있는지를 살펴볼 거예요. 쌍곡선의 방정식도 복잡할 것 같지만 그 형태가 타원과 비슷하다는 점, 눈치챘지요? 타원의 방정식을 구했을 때를 생각하면서 하나씩 함께해 나가 봅시다.

 다음과 같이 두 초점이 $F(-k, 0)$, $F'(k, 0)$인 쌍곡선이 있습니다. 점 P가 쌍곡선 위의 한 점 (x, y)이고 $\overline{PF}$와 $\overline{PF'}$의 차가 $2a$로 일정하다고 할 때 점 $P(x,y)$가 나타내는 식을 구해 봅시다.

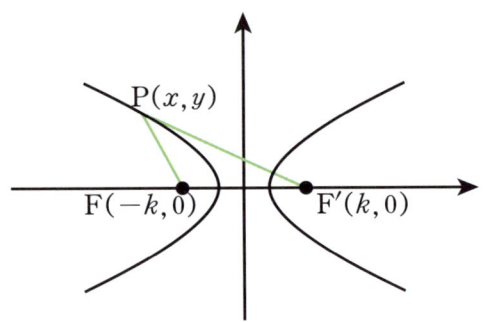

쌍곡선 정의에 의해서
$|\overline{PF}-\overline{PF'}|=2a$,
$\sqrt{(x+k)^2+y^2}-\sqrt{(x-k)^2+y^2}=\pm 2a$
$\sqrt{(x+k)^2+y^2}=\sqrt{(x-k)^2+y^2}\pm 2a$

양변을 제곱하여 정리하면
$a\sqrt{(x-k)^2+y^2}=\pm(kx-a^2)$

이 식을 또 양변을 제곱하여 정리하면
$(k^2-a^2)x^2-a^2y^2=a^2(k^2-a^2)$

여기에서 $k^2-a^2=b^2(b>0)$로 놓으면,
$b^2x^2-a^2y^2=a^2b^2$

양변을 a^2b^2으로 나누면 다음과 같습니다.
$\dfrac{x^2}{a^2}-\dfrac{y^2}{b^2}=1$ (단, $a>0, b>0, k^2=a^2+b^2$)
이런 식을 쌍곡선방정식의 표준형이라고 합니다.

아폴로니우스의 네 번째 수업

$\dfrac{x^2}{a^2} - \dfrac{y^2}{b^2} = 1$(단, $a>0, b>0, k^2 = a^2+b^2$) 꼴의 쌍곡선에서 $y=0$이면 $\dfrac{x^2}{a^2}=1$이므로 $x=a$ 또는 $x=-a$입니다. 따라서 이 쌍곡선은 x축과 $A(a,0), A'(-a,0)$에서 만납니다.

$x=0$인 경우에는 어떻게 될까요? 이때는 $\dfrac{y^2}{b^2} = -1$이 되어 이 식을 만족하는 y의 값이 없으므로 y축과는 만나지 않는다는 것을 알 수 있습니다.

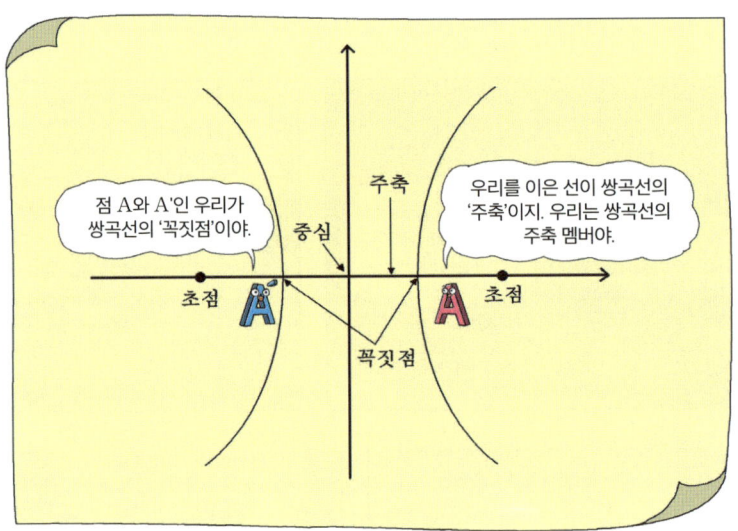

이때 점 A와 A'을 쌍곡선의 꼭짓점이라 하고, $\overline{AA'}$을 쌍곡선의 주축이라고 합니다. 그리고 $\overline{AA'}$의 중점을 쌍곡선의 중심이라고 합니다. 여기에서 주축의 길이는 $2a$가 되고, 초점의 좌표는 $(\sqrt{a^2+b^2}, 0), (-\sqrt{a^2+b^2}, 0)$이 됩니다.

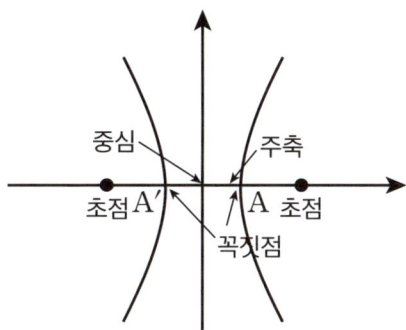

 이번에는 두 초점이 x축이 아닌 y축에 있을 때는 쌍곡선의 식이 어떻게 될까요? 초점의 좌표를 $F(0, k), F'(0, -k)$, 쌍곡선 위의 한 점을 $P(x, y)$이라고 하고, $|\overline{PF}-\overline{PF'}|=2b$이라고 합시다. 이것을 위에서와 같이 정리하면 $\dfrac{x^2}{a^2}-\dfrac{y^2}{b^2}=-1(a>0, b>0, k^2=a^2+b^2)$이 됩니다. 이 쌍곡선은 주축의 길이는 $2b$, 초점의 좌표는 $(0, \sqrt{a^2+b^2}), (0, -\sqrt{a^2+b^2})$이 됩니다.

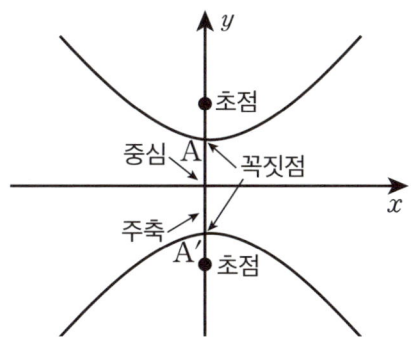

쌍곡선방정식의 표준형을 타원방정식의 표준형과 비교하면 가운데 부호가 +에서 -로 바뀌었고, 또 초점을 나타내는 k의 값을 구할 때 -에서 +로 바뀐 것을 알 수 있습니다. 그리고 또 한 가지 차이점이라면 타원방정식의 표준형은 우변이 항상 1이었던 것에 비해, 쌍곡선은 우변이 1 또는 -1이었습니다. 초점이 x축에 있으면 1이고, 초점이 y축에 있으면 -1이었습니다. 타원방정식의 표준형에서는 초점이 x축에 있으면 $a>b$이고, 초점이 y축에 있으면 $a<b$이었던 점과 비교하면 큰 차이가 있다는 것을 알겠죠?

지금까지 원뿔곡선의 식을 모두 배웠는데요, 다음은 여러 원뿔곡선의 식을 정리한 것입니다.

원의 방정식	포물선의 방정식	타원의 방정식	쌍곡선의 방정식
$x^2+y^2=r^2$	$y^2=4px, x^2=4py$	$\dfrac{x^2}{a^2}+\dfrac{y^2}{b^2}=1$	$\dfrac{x^2}{a^2}-\dfrac{y^2}{b^2}=\pm 1$

원뿔곡선을 보통 이차곡선이라고도 하는데 이제는 그 이유를 알겠지요? 원뿔곡선을 식으로 나타내면 모두 최고차항이 2차

인 이차식이 됩니다. 그래서 우리는 원뿔곡선을 이차곡선이라고도 합니다. 하지만 원뿔곡선이 모두 이차식이라고 해도 약간씩 차이점이 있어요. 우선 원, 타원, 쌍곡선의 방정식은 모두 x와 y가 이차이고, 포물선만 x와 y 중 하나는 이차, 나머지 하나는 일차예요. 그리고 원의 경우에는 x와 y의 이차항의 계수가 같고, 타원은 x와 y의 이차항의 계수는 다르지만 부호는 서로 같으며, 쌍곡선은 x와 y의 이차항의 계수가 부호까지도 서로 다르다는 것을 볼 수 있습니다.

식으로 보면 원과 포물선, 타원, 쌍곡선이 확실하게 구별됩니다. 하지만 생긴 모양으로 보면 쌍곡선과 포물선은 비슷해 보이기도 합니다. 쌍곡선에서 하나의 곡선만 따로 떼어서 보세요. 어때요? 그 모양이 포물선과 매우 비슷하지요? 우리가 보기에는 단지 쌍곡선이 2개의 곡선으로 되어 있고 포물선은 1개의 곡선으로 되어 있다는 차이점밖에는 발견할 수 없습니다. 이 외에 포물선과 쌍곡선은 서로 어떤 점이 다를까요? 아주 큰 차이점 중의 하나가 바로 점근선이 있고 없고의 차이입니다.

　　좌표평면에서 x의 값이 양 또는 음으로 점점 커짐에 따라 어떤 곡선이 일정한 직선에 한없이 가까워질 때, 그 직선을 곡선의 점근선이라고 합니다. 쌍곡선에서도 점근선이 있는지 함께 알아보도록 해요.

　　쌍곡선 방정식 $\dfrac{x^2}{a^2} - \dfrac{y^2}{b^2} = 1$을 y에 관하여 정리해 봅시다.

$$\frac{y^2}{b^2}=\frac{x^2}{a^2}-1, y^2=\frac{b^2}{a^2}(x^2-a^2)$$
$$y=\pm\frac{b}{a}\sqrt{x^2-a^2}=\pm\frac{b}{a}\sqrt{x^2\left(1-\frac{a^2}{x^2}\right)}$$
$$\therefore y=\pm\frac{b}{a}x\sqrt{1-\left(\frac{a}{x}\right)^2}$$

위의 식에서 x가 커질수록 $\frac{a}{x}$의 값은 0에 가까워집니다.

따라서 x가 무한히 커지게 되면 위의 식은 $y=\pm\frac{b}{a}x$가 됩니다. 마찬가지로 x가 음수

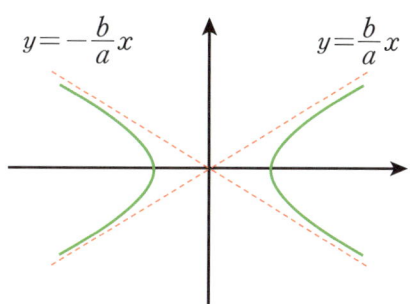

로 무한히 작아지게 되어도 위의 식은 $y=\pm\frac{b}{a}x$가 됩니다. 이것을 바꾸어 말하면 x가 무한히 커지거나 또는 무한히 작아지게 되면 쌍곡선은 점점 $y=\pm\frac{b}{a}x$에 가까워진다는 뜻입니다.

우리는 이런 곡선 $y=\pm\frac{b}{a}x$를 <mark>쌍곡선의 점근선</mark>이라고 합니다. 모든 쌍곡선은 이렇게 점근선을 갖습니다. 그래서 쌍곡선을 좌표평면 위에 그릴 때는 먼저 꼭짓점과 초점을 찍고, 점근선을 그린 다음 초점을 감싸면서 점근선과 만나지 않게 그리면 됩니다. 하지만 포물선에는 이런 점근선이 아예 없습니다. 그래서

쌍곡선과 포물선의 가장 큰 차이점은 바로 점근선이 있고 없고 라는 점입니다. 이제는 확실하게 모양만으로도 구별되지요?

그럼 이번에는 직접 쌍곡선을 그려 봅시다.

쌍곡선 $\dfrac{x^2}{9} - \dfrac{y^2}{4} = 1$은 어떻게 그릴까요? 쌍곡선의 꼭짓점과 초점, 그리고 점근선을 구해야겠지요?

먼저 a와 b의 값을 구하면 $a=3, b=2$입니다.

따라서 꼭짓점은 $(3, 0), (-3, 0)$이고, $k = \pm\sqrt{9+4} = \pm\sqrt{13}$ 이므로 초점은 $(\sqrt{13}, 0), (-\sqrt{13}, 0)$입니다. 그리고 점근선은 $y = \pm\dfrac{2}{3}x$입니다. 좌표평면에 초점과 꼭짓점을 찍고 점근선을 찍습니다. 그리고 나서 아래와 같이 그리면 됩니다.

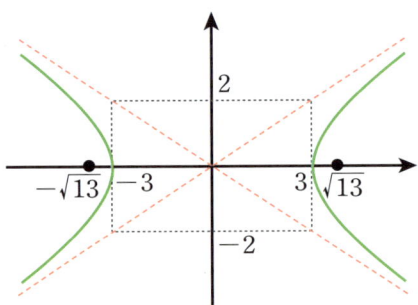

이번에는 쌍곡선 $\dfrac{x^2}{16} - \dfrac{y^2}{9} = -1$을 그려 봅시다.

$a=4, b=3$입니다. 상수항이 -1이므로 이 쌍곡선은 초점과 꼭짓점이 y축에 있습니다.

꼭짓점은 $(0, 3), (0, -3)$이고 $k=\sqrt{9+4}=\sqrt{13}$이므로 초점은 $(0, \sqrt{13}), (0, -\sqrt{13})$입니다. 점근선을 구하면 $y=\pm\frac{3}{4}x$입니다. 좌표평면에 초점과 꼭짓점을 찍

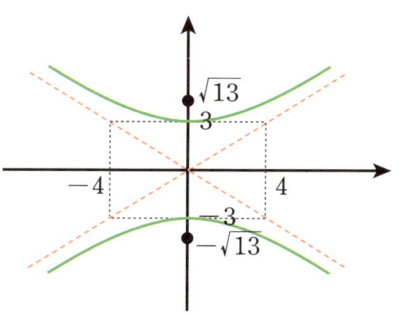

고 점근선을 그립니다. 그러고 나서 위와 같이 그리면 됩니다.

마지막으로 쌍곡선 $\frac{(x-5)^2}{9}-\frac{(y-7)^2}{4}=1$은 어떻게 그릴까요? 타원의 경우와 마찬가지로 쌍곡선 $\frac{x^2}{9}-\frac{y^2}{4}=1$을 x축으로 5만큼, y축으로 7만큼 평행이동시킨 것입니다. 따라서 쌍곡선의 꼭짓점과 초점, 점근선은 다음과 같이 바뀝니다.

	$\frac{x^2}{9}-\frac{y^2}{4}=1$	$\frac{(x-5)^2}{9}-\frac{(y-7)^2}{4}=1$
쌍곡선의 중심	$(0, 0)$	$(0+5, 0+7)$
꼭짓점	$(3, 0), (-3, 0)$	$(3+5, 0+7), (-3+5, 0+7)$
초점	$(\sqrt{13}, 0), (-\sqrt{13}, 0)$	$(\sqrt{13}+5, 0+7), (-\sqrt{13}+5, 0+7)$
점근선의 방정식	$y=\pm\frac{2}{3}x$	$y-7=\pm\frac{2}{3}(x-5)$

$\dfrac{(x-5)^2}{9} - \dfrac{(y-7)^2}{4} = 1$은 $\dfrac{x^2}{9} - \dfrac{y^2}{4} = 1$을 먼저 그리고 그것을 x축으로 5만큼, y축으로 7만큼 평행이동시켜서 그리면 됩니다.

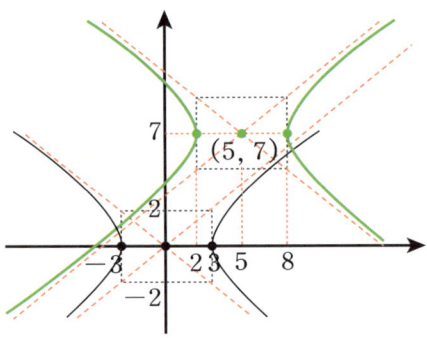

$\dfrac{x^2}{9} - \dfrac{y^2}{4} = 1$와 $\dfrac{(x-5)^2}{9} - \dfrac{(y-7)^2}{4} = 1$의 그래프는 위치만 달라졌을 뿐이고 주축의 길이나 그래프의 모양은 같다는 것을 알 수 있습니다. 여기에서 우리는 쌍곡선 표준형의 방정식에서 a^2과 b^2의 값이 같으면 쌍곡선의 모양이 같다는 것을 알 수 있습니다. 다시 말해서 a^2과 b^2의 값이 같으면, 평행이동하여서 꼭 맞게 겹쳐지도록 할 수 있다는 것이지요. 이것은 타원에서도 마찬가지랍니다.

수업 정리

① 쌍곡선 방정식의 표준형은 $\dfrac{x^2}{a}-\dfrac{y^2}{b}=\pm1$(단, $a>0, b>0$)입니다.

	$\dfrac{x^2}{a^2}-\dfrac{y^2}{b^2}=1$	$\dfrac{x^2}{a^2}-\dfrac{y^2}{b^2}=-1$
쌍곡선의 중심	$(0, 0)$	$(0, 0)$
꼭짓점	$(\pm a, 0)$	$(0, \pm b)$
초점	$(\pm\sqrt{a^2+b^2}, 0)$	$(0, \pm\sqrt{a^2+b^2})$
주축의 길이	$2a$	$2b$
점근선의 방정식	$y=\pm\dfrac{b}{a}x$	$y=\pm\dfrac{b}{a}x$

② 쌍곡선 $\dfrac{(x-m)^2}{a^2}-\dfrac{(y-n)^2}{b^2}=1$(단, $a>0, b>0$)은 쌍곡선 $\dfrac{x^2}{a}-\dfrac{y^2}{b}=1$을 x축으로 m만큼, y축으로 n만큼 평행이동한 것입니다.

따라서 중심은 (m, n), 꼭짓점은 $(\pm a+m, 0+n)$, 초점은 $(\pm\sqrt{a^2+b^2}+m, 0+n)$이고, 주축의 길이는 $2a$, 점근선의 방정식은 $y-n=\pm\dfrac{b}{a}(x-m)$입니다.

❸ 포물선과 쌍곡선의 가장 큰 차이점은 포물선은 점근선이 없고, 쌍곡선은 점근선이 있다는 것입니다. 따라서 쌍곡선은 x가 무한히 커지거나 무한히 작아질 때 곡선이 점점 점근선^{직선}에 가까워집니다.

5교시

원 속에 숨어 있는 타원과 쌍곡선

원을 이용하여 타원과 쌍곡선을 찾아보고
왜 그런지 그 이유를 알아봅시다.

수업 목표

1. 동심원들 속에서 타원과 쌍곡선을 찾고, 그 이유를 설명할 수 있습니다.
2. 원을 이용하여 타원과 쌍곡선을 접어 보고, 그 이유를 설명할 수 있습니다.

미리 알면 좋아요

동심원 다음 그림과 같이 중심이 같은 원을 동심원이라고 합니다.

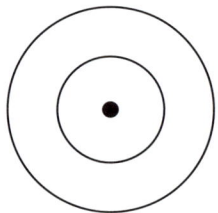

아폴로니우스의 다섯 번째 수업

　지금까지 우리는 타원과 쌍곡선의 정의를 알아보고, 그 정의를 이용하여 각각의 방정식을 구해 보았습니다. 그리고 이 방정식을 이용하여 좌표평면에 타원과 쌍곡선을 그려 보기도 했습니다. 오늘 이 시간에는 원을 이용하여 타원과 쌍곡선을 그려 볼 것입니다.

　먼저 동심원에서 타원과 쌍곡선을 찾아볼까요? 다음과 같이 원의 중심이 같고, 반지름의 길이는 1씩 커지는 동심원이 있습니다. 자, 눈을 크게 뜨고 이 그림에서 타원과 쌍곡선을 찾아보세요.

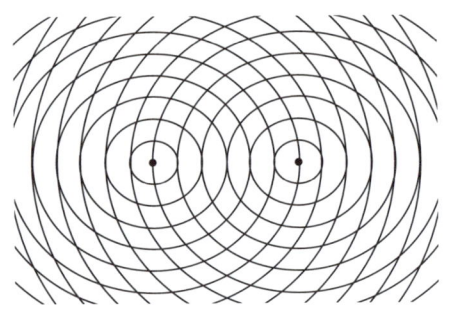

타원을 찾아봅시다. 타원을 찾으려면 제일 먼저 무엇을 해야 할까요? 초점을 찾아야겠지요? 한 가지 도움말을 주자면 초점은 바로 원들의 중심이랍니다. 초점과 원들의 교점에서 타원의 정의를 적용하면 타원을 찾을 수 있답니다.

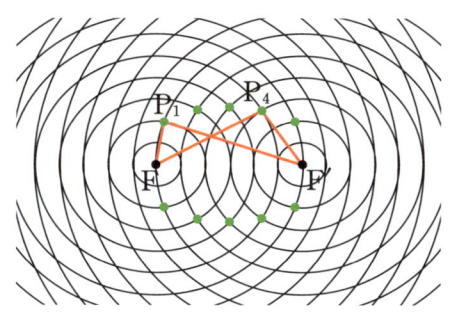

위의 그림과 같이 원들의 교점을 이으면 초점이 F와 F'인 타원이 됩니다. 왜 그럴까요?

두 초점 F와 F'으로부터 교점까지의 거리의 합을 각각 구해 보면, 모두 8로 같습니다. 점 P_1은 점 F에서 두 번째 원 위의 점이므로 $\overline{P_1F}=2$이고, 또 점 F'에서 보면 여섯 번째 원 위의 점이므로 $\overline{P_1F'}=6$입니다. 따라서 그 합은 8이 됩니다. 다른 점들도 이런 식으로 거리의 합을 구하면 모두 8로 같다는 것을 쉽게 알 수 있습니다. 이 외에도 다음 그림과 같이 많은 타원을 찾을 수 있습니다.

아폴로니우스의 다섯 번째 수업

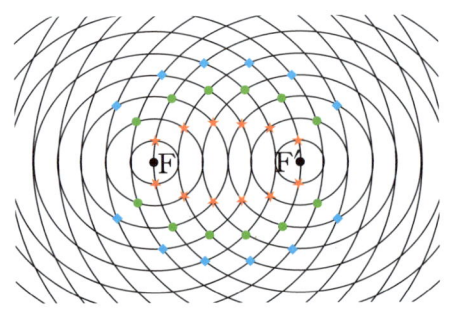

★ 점들을 연결하면 두 초점 F와 F'로부터 거리의 합이 7인 타원이 되고, ● 점들을 연결하면 거리의 합이 9인 타원이 됩니다. 그리고 ◆ 점들은 거리의 합이 11인 타원이 됩니다. 이 외에도 다양한 타원을 찾을 수 있겠지요?

자, 이번에는 쌍곡선을 찾아봅시다. 타원과 마찬가지로 점 F와 F'을 두 초점으로 하고 원들의 교점을 바탕으로 쌍곡선의 정의를 이용하면 쉽게 찾을 수 있답니다.

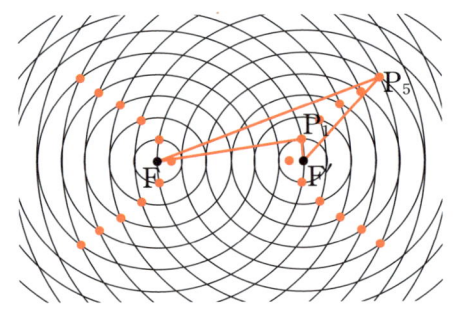

위의 그림과 같이 원들의 교점을 이으면 쌍곡선이 됩니다. 점 P_1은 초점 F로부터 보면 여섯 번째 원 위의 점이므로 $\overline{P_1F}=6$이고, 점 F′로부터 보면 첫 번째 원이므로 $\overline{P_1F'}=1$입니다. 따라서 그 차는 5가 됩니다. 위의 그림에 표시한 점들은 모두 두 초점 F, F′로부터 거리의 차가 5가 되는 것을 알 수 있습니다.

아폴로니우스의 다섯 번째 수업

이와 같은 방법으로 거리의 차가 같은 점들을 이으면 다음 그림과 같이 여러 가지 쌍곡선을 찾을 수 있습니다. ★ 점들을 연결하면 두 초점으로부터 거리의 차가 5인 쌍곡선이 되고, ● 점들을 연결하면 거리의 차가 4인 쌍곡선이 됩니다. 그리고 ◆ 점들을 연결하면 두 초점으로부터 거리의 차가 3인 쌍곡선이 됩니다. 혹시 세 번째 수업 시간에 쌍곡선을 그리면서 공부했던 것 기억나나요? 초점 사이의 거리가 일정할 때 거리의 차가 점점 작아지면 쌍곡선의 모양이 점점 덜 구부러진 모양이 된다고 했습니다. 아래 그림을 보니까 예전에 공부했던 것과 일치하지요?

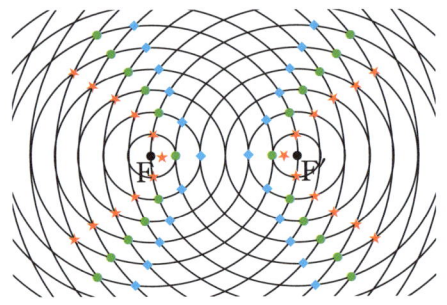

이번에는 종이를 접어서 타원과 쌍곡선을 만들어 볼게요. 종이를 접어서 타원과 쌍곡선을 만들 때도 원을 이용한답니다. 여러분도 함께 만들어 보자고요.

타원을 접어 보아요.

따라해 보세요!

① 직사각형 모양의 종이에 원을 그려요.

② 원의 내부에 초점 1개 찍고 송곳으로 구멍을 뚫어요.

③ ②번에서 뚫은 초점이 원의 둘레와 만나도록 접어요.

④ 펼치면 옆의 그림과 같이 접은 선들의 안쪽 부분이 타원을 이룹니다.

여러분도 모두 타원 모양이 나왔지요? 그런데 이것이 왜 타원이 될까요? 단지 찌그러졌기 때문에 타원이라고요? 우리 친구들은 설마 이렇게 말하지는 않겠지요? 수학적으로 하나하나 살펴보자고요.

다음 그림은 원의 내부에 점 A를 찍은 후, 원의 둘레의 한 점 B를 점 A와 겹치도록 종이를 접은 그림입니다. 이런 식으로 원 둘레의 각 점이 점 A와 겹치도록 계속 접은 후 펼치면, 접혀진 선들은 타원의 접선이 되고 접혀지지 않은 부분은 타원이 됩니다. 즉, 그림에서 주황색 선 위의 점들은 점 C와 같은 점들 모두 접혀 진 선 위에 있는 점들이면서, 동시에 이 점들은 초점이 점 O와 점 A인 타원이 되지요. 만약 이 진한 주황색 선이 타원인지 증명하려면 $\overline{OC} + \overline{AC}$의 값이 일정한지를 증명하면 되겠지요? 함께 봅시다.

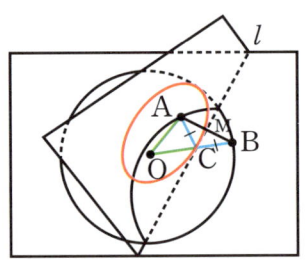

직선 l을 중심으로 접었으므로 $\overline{MC}$는 $\overline{AB}$의 수직이등분선이

됩니다. 그리고 $\overline{MC}$는 공통이므로

△AMC≡△BMC (SAS합동)

∴ $\overline{AC}=\overline{BC}$

따라서 $\overline{OC}+\overline{AC}=\overline{OC}+\overline{BC}=\overline{OB}$원의 반지름입니다. 이것은 $\overline{OC}+\overline{AC}$의 값은 항상 원의 반지름의 길이와 같다는 것입니다. 따라서 점 C와 같은 점들의 모임은 초점이 점 O와 점 A인 타원이 됩니다.

여기서 잠깐! 원 안에 초점 1개를 잡을 때 원의 중심 점 O에서 가깝게 잡으면 뚱뚱한 타원이 접혀지고, 점 O에서 멀게 잡으면 납작한 타원이 접혀지겠지요?

이번에는 쌍곡선을 함께 접어 봅시다.

쌍곡선을 접어 보아요.

따라 해 보세요!
① 직사각형 모양의 종이에 원을 그려요.
② 원 밖에 초점 1개를 표시해요. 이때 종이의 한 변 위에 점을 표시하면 좋아요.

③ ②번에서 표시한 초점이 원의 둘레와 겹치도록 접어요.
④ 아래 그림과 같이 접은 선들은 쌍곡선을 이룹니다.

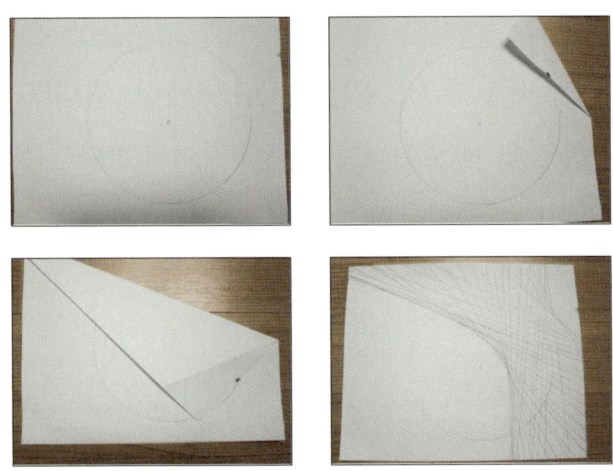

어때요? 쌍곡선을 접는 것도 타원을 접는 경우와 비슷하지요? 한 가지 차이점이라면, 타원이면 초점을 원의 내부에 두었는데, 쌍곡선의 경우에는 원의 외부에 두었다는 점뿐입니다.

다음 그림은 원 밖에 점 A를 찍고 점 A와 원둘레의 한 점 B가 겹치도록 직선 l을 중심으로 접은 그림입니다. 접은 부분과 접혀지지 않은 부분과의 경계는 초점이 점 O와 점 A인 쌍곡선을 이룹니다. 즉, 그림에서 초록색 선 위의 모든 점은 점 C와 같은 점들 접혀

진 선 위의 점들이면서, 동시에 쌍곡선 위의 점들이 됩니다. 그럼 이 초록색 선이 쌍곡선이 되는 이유를 증명하려면 어떻게 하면 될까요? $|\overline{OC}-\overline{AC}|$의 값이 일정한 것을 증명하면 된다고요? 그럼 함께 증명해 볼까요?

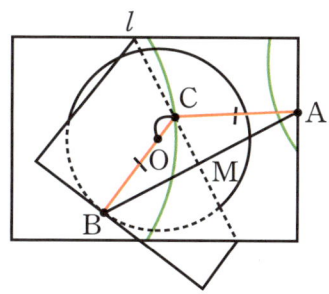

직선 l을 중심으로 접었으므로 $\overline{MC}$는 $\overline{AB}$의 수직이등분선이 됩니다. 그리고 $\overline{MC}$는 공통이므로

△AMC≡△BMC (SAS합동)

∴ $\overline{AC}=\overline{BC}$

따라서 $|\overline{OC}-\overline{AC}|=|\overline{OC}-\overline{BC}|=\overline{OB}_{원의\ 반지름}$입니다. 이것은 $|\overline{OC}-\overline{AC}|$의 값은 항상 원의 반지름의 길이와 같다는 것입니다. 따라서 점 C와 같은 점들의 모임은 초점이 점 O와 점 A인 쌍곡선이 됩니다.

이렇게 원을 이용하여 타원과 쌍곡선을 만들 수 있답니다. 타원과 쌍곡선의 내용이 조금 어렵긴 하지만, 막상 그 이면을 보면 정의에 의해 모든 것이 정해진다는 사실을 알 수 있을 거예요. 그만큼 타원과 쌍곡선에서는 정의가 무척 중요하답니다. 물론 수학에서 다른 것들도 마찬가지예요. 정의를 바탕으로 여러 가지 성질이 하나씩 나오기 때문에 여러분이 수학을 공부할 때는 정의를 정확하게 알아 두는 것이 매우 중요하답니다.

수업 정리

❶ 동심원들의 중심을 초점으로 한 후, 타원과 쌍곡선의 정의를 이용하여 원들의 교점을 연결하면 타원과 쌍곡선을 찾을 수 있습니다.

❷ 원을 그린 후 원 안에 초점을 찍고 원의 둘레가 초점과 겹치도록 접으면 타원이 생기고, 원 밖에 초점을 찍고 원의 둘레가 초점과 겹치도록 접으면 쌍곡선이 생깁니다.

6교시

이심률로 본
원뿔곡선

이심률을 이용하여 원뿔곡선을 분류하여 봅니다.

수업 목표

1. 이심률이 타원의 모양에 어떤 영향을 미치는지 알아봅니다.
2. 이심률을 이용하여 원뿔곡선을 분류하여 봅니다.

아폴로니우스의 여섯 번째 수업

오늘은 이심률이라는 어려운 개념을 공부해 볼까 합니다. 조금 어렵긴 하지만 미리 겁먹지 말고 차근차근 알아봅시다.

이심률을 공부하기 전에 먼저 다음과 같은 타원의 모양을 살펴봅시다.

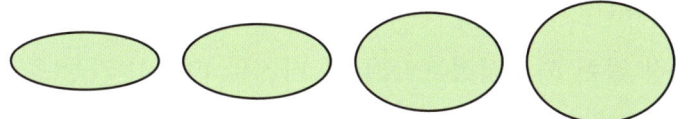

타원의 모양에 대해 어떻게 말할 수 있을까요?

"타원이 점점 더 커져요."

"점점 더 둥그렇게 모양이 변해요."

"점점 갈수록 덜 납작해져요."

모두 다 맞아요. 그런데 지금 이 시간에는 타원의 크기를 생각하지 말고 찌그러진 정도만 보도록 해요. 왼쪽 첫 번째 타원이 가장 많이 찌그러졌고, 오른쪽 마지막 타원이 가장 조금 찌그러졌지요? 이렇게 타원이 찌그러진 정도를 수치로 나타낸 것을 타원의 이심률이라고 합니다.

그럼 이심률은 어떻게 나타낼까요? 우리가 앞 시간에 이심률이라는 단어를 쓰지는 않았지만 사실 이심률과 관련된 것을 이미 공부했답니다. 이심률이라는 것은 찌그러진 정도이므로 타원의 모양에 따라 결정됩니다. 그런데 타원의 모양은 무엇에 따라 결정되었지요? 타원의 두 초점을 F와 F'이라 하고 타원 위의 한 점을 P라고 할 때 $\overline{PF}+\overline{PF'}$의 값과 $\overline{FF'}$의 값에 따라 결정되었던 것 기억나나요? 바로 이 값들을 이용하여 이심률을 구할 수 있답니다. 그럼 나와 함께 이심률을 어떻게 나타낼지 곰곰이 생각해 보자고요.

보통 타원이 많이 찌그러져 있으면 이심률이 크고, 조금 찌그러져 있으면 이심률은 작다고 말합니다. 이런 전제를 바탕으로 다음과 같이 생각해 봅시다.

$\overline{PF}+\overline{PF'}$의 값이 일정할 때 $\overline{FF'}$의 값이 크면 클수록 타원의 모양은 점점 더 찌그러졌던 것 기억하지요? 다시 말하면, $\overline{FF'}$의

값이 크면 클수록 타원의 이심률은 더 커지는 것이라 이야기할 수 있겠네요. 따라서 타원의 이심률은 두 초점 사이의 거리 $\overline{FF'}$에 비례합니다.

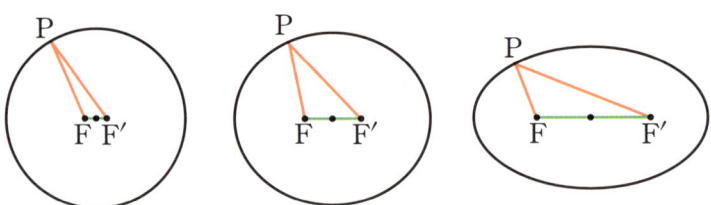

$\overline{FF'}$의 값이 크면 클수록 타원의 이심률은 더 커집니다.

그럼 $\overline{FF'}$의 값이 일정할 때 두 초점으로부터 거리의 합 $\overline{PF}+\overline{PF'}$의 값이 크면 클수록 타원의 모양은 어떻게 되었죠? 타원이 점점 덜 찌그러지게 되었던 것, 이것도 기억하지요? 정리하자면, $\overline{PF}+\overline{PF'}$의 값이 크면 클수록 타원의 이심률은 점점 더 작아집니다. 따라서 타원의 이심률은 $\overline{PF}+\overline{PF'}$의 값에 반비례한다는 것을 알 수 있습니다.

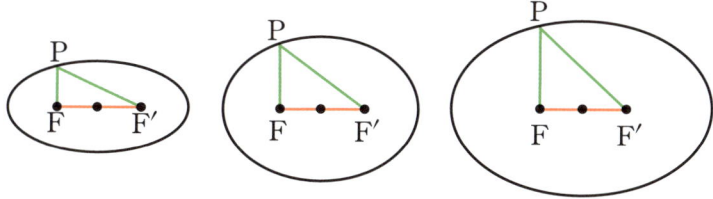

$\overline{PF}+\overline{PF'}$의 값이 크면 클수록 타원의 이심률은 점점 더 작아집니다.

위의 두 가지 사항을 정리하면 타원의 이심률을 다음과 같이 나타낼 수 있답니다.

(타원의 이심률)
$$=\frac{\overline{FF'}}{\overline{PF}+\overline{PF'}}=\begin{cases}\dfrac{2\sqrt{a^2-b^2}}{2a}=\dfrac{\sqrt{a^2-b^2}}{a}\ (a>b)\\[2mm]\dfrac{2\sqrt{b^2-a^2}}{2b}=\dfrac{\sqrt{b^2-a^2}}{b}\ (b>a)\end{cases}$$

식에서 보면 타원의 이심률은 '중심으로부터 꼭짓점_{장축에서} <u>꼭짓점</u>까지의 거리'에 대한 '중심으로부터 초점까지의 거리'의 비라고도 할 수 있습니다.

그럼 타원의 이심률은 최소일 때가 얼마이고, 최대일 때가 얼마일까요? 타원은 2개의 초점이 항상 타원 내부에 있기 때문에 $\sqrt{a^2-b^2}$ 또는 $\sqrt{b^2-a^2}$의 값은 항상 a 또는 b보다 작을 수밖에 없습니다. 따라서 이심률은 아무리 커도 1이 될 수는 없습니다. 이 말은 1보다는 무조건 작아야 한다는 말이지요. 그리고 타원은 항상 2개의 초점이 존재하므로 $\sqrt{a^2-b^2}$ 또는 $\sqrt{b^2-a^2}$의 값은 항상 0보다는 커야 합니다. 그러므로 타원의 이심률은 0보다는 크고 1보다는 작다라는 것을 알 수 있습니다.

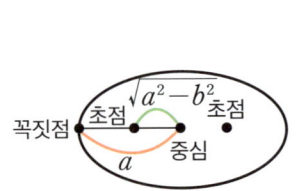 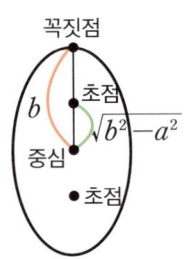

(타원의 이심률)$=\dfrac{\sqrt{a^2-b^2}}{a}\ (a>b)$ (타원의 이심률)$=\dfrac{\sqrt{b^2-a^2}}{b}\ (b>a)$

타원의 이심률은 0보다는 크고 1보다는 작습니다.

초점이 없는 원 같은 경우는 이심률이 얼마일까요? 초점이 없으므로 중심으로부터 초점까지의 거리는 0이 됩니다. 따라서 이심률 공식 부분에서 분자가 0이므로 원의 이심률은 언제나 0이 됩니다. 그 모양을 보더라도 원의 이심률이 0이라는 것이 이해 가지요?

원은 찌그러진 곳 없이 어느 부분에서나 굽은 정도가 항상 같잖아요. 따라서 이심률이 0이라고 할 수 있습니다.

타원 같은 경우에도 그 모양이 원에 가까울수록 이심률은 0에 가까워지고, 또 많이 찌그러질수록 이심률은 1에 가까워진답니다.

쌍곡선 같은 경우는 이심률이 얼마일까요? 타원에서의 공식을 그대로 적용해 볼까요?

쌍곡선이면 타원과는 반대로, 중심으로부터 초점 사이의 거리가 중심으로부터 꼭짓점 사이의 거리보다 더 길다는 것을 볼 수 있습니다. 이심률의 공식에 쌍곡선인 경우를 그대로 적용하면 $\frac{\sqrt{a^2+b^2}}{a}$ 또는 $\frac{\sqrt{a^2-b^2}}{a}$ 이고, 여기에서 분자가 분모보다 더 크므로 그 값은 항상 1보다 더 큽니다.

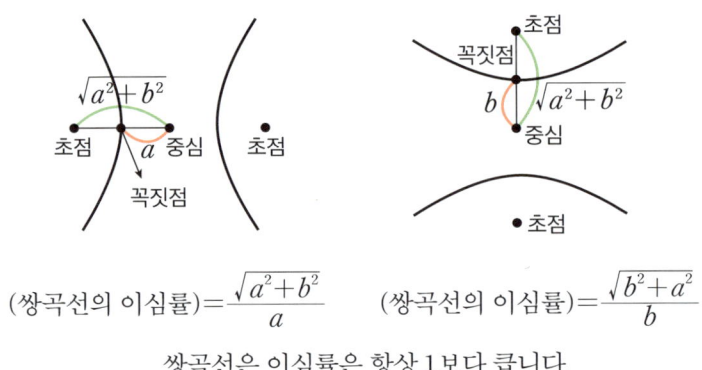

(쌍곡선의 이심률)$=\dfrac{\sqrt{a^2+b^2}}{a}$ (쌍곡선의 이심률)$=\dfrac{\sqrt{b^2+a^2}}{b}$

쌍곡선은 이심률은 항상 1보다 큽니다.

그럼 포물선은 과연 이심률이 얼마일까요? 포물선을 위와 같은 이심률 공식에 적용하는 것은 좀 힘듭니다. 일반적으로 말하는 이심률의 정의는 원뿔곡선 위의 각 점에서 초점까지의 거리와 그 점에서 준선까지의 거리의 비를 말합니다. 원뿔곡선 위의 한 점을 P, 초점을 F라고 하고, 점 P에서 준선에 내린 수선의 발을 D라고 하면, 이심률 $e=\dfrac{\overline{\text{PF}}}{\overline{\text{PD}}}$가 되지요. 이것을 정리하면 $\overline{\text{PF}}=e\overline{\text{PD}}$입니다. 이 정의대로라면 포물선의 이심률을 쉽게 구할 수 있습니다. 포물선이란, 초점으로부터의 거리와 준선으로부터 거리가 같은 점들의 모임이기 때문에 언제나 $\overline{\text{PF}}=\overline{\text{PD}}$가 성립하게 됩니다. 따라서 이심률 $e=1$이 됩니다.

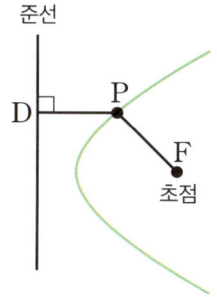

$\overline{PF} = e\overline{PD}$에서 e를 이심률이라 합니다.
포물선은 $e=1$입니다.

그럼 앞에서 우리가 구한 이심률 공식은 뭐냐고요? 포물선의 경우에는 이심률의 정의를 이용하여 이심률을 구하기 쉽지만, 타원이나 쌍곡선은 그렇게 접근하는 것이 복잡하답니다. 앞에서는 좀 더 쉽게 여러분이 접근할 수 있도록 약간 다르게 설명했던 것입니다. 포물선의 경우와 같이 접근하자면, $\overline{PF}=e\overline{PD}$에서 점 P를 (x, y)라 놓고 $0<e<1$인 경우 식을 정리하면 타원의 방정식이 나옵니다. 그리고 그때 이심률 e의 값은 앞에서 구했던 값과 같이 $\dfrac{\sqrt{a^2-b^2}}{a}$ 또는 $\dfrac{\sqrt{b^2-a^2}}{b}$와 같은 값이 나옵니다. $e>1$인 경우 식을 정리하면 쌍곡선의 방정식이 나오고 그때 이심률 e의 값도 앞에서 구했던 값과 같이 $\dfrac{\sqrt{a^2+b^2}}{a}$ 또는 $\dfrac{\sqrt{a^2+b^2}}{b}$이 나옵니다. 이 부분의 계산은 조금 복잡하기도 하고 어렵기도 하므로 여기서는 다루지 않을게요. 하지만 고등학교 자연계 학생들은 한 번쯤 직접해 보세요.

그런데 앞에서 조금 이상한 것이 있지 않았나요? 배운 대로라면 타원과 쌍곡선은 초점만 있고 준선은 없었잖아요. 그런데 $\overline{\mathrm{PF}}=e\overline{\mathrm{PD}}$ 자체는 초점과 준선을 전제로 하잖아요. 그럼 타원과 쌍곡선도 초점과 준선이 있다는 이야기인데, 도대체 어떻게 된 것일까요? 사실은, 언급하지 않았을 뿐이지 타원과 쌍곡선에서도 준선이 있답니다. 타원과 쌍곡선은 초점이 2개이므로 준선도 2개가 있습니다. $\dfrac{x^2}{a^2}+\dfrac{y^2}{b^2}=1$(단, $a>b>0$, $k^2=a^2-b^2$) 꼴의 타원에서는 준선의 방정식은 $x=\pm\dfrac{a}{e}$이고, $\dfrac{x^2}{a^2}-\dfrac{y^2}{b^2}=1$(단, $a>b>0$, $k^2=a^2+b^2$) 꼴의 쌍곡선에서는 준선의 방정식은

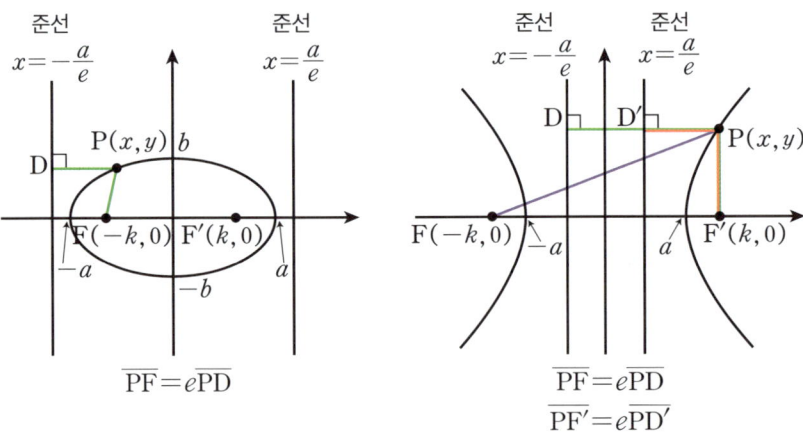

$x = \pm \dfrac{a}{e}$입니다. 어휴, 정신없죠? 사실 이 부분은 학교 수학을 넘어서는 부분이에요. 대학교에서나 배우는 몹시 어려운 내용이죠. 이 부분은 잘 몰라도 되고요, 그냥 참고만 하면 됩니다.

여기서 우리가 기억해야 할 사항은 원뿔곡선은 $\overline{\mathrm{PF}} = e\overline{\mathrm{PD}}$로 정의할 수도 있다는 것입니다. $\overline{\mathrm{PF}} = e\overline{\mathrm{PD}}$에서 $e=0$이면 원이고, $0<e<1$이면 타원, $e=1$이면 포물선, $e>1$이면 쌍곡선이 된다는 것입니다. 이심률이란 원뿔곡선이 원에서 벗어나는 정도라고도 말할 수 있습니다. 원에 가장 가까운 형태는 타원이고, 그다음은 포물선, 그다음은 쌍곡선 그리고 원에서 가장 많이 벗어나는 것은 이심률을 ∞라고 볼 수 있는 직선이 되지요.

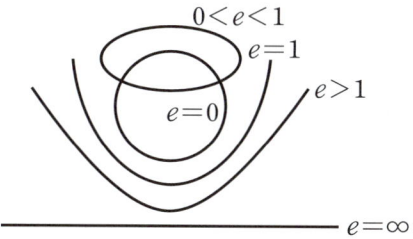

이심률을 이용하여 한 가지 더 알아볼까요? 타원과 쌍곡선은 이심률에 따라 모양이 달라집니다. 다시 말하면 다른 것이 같아도 이심률이 다르면 모양이 달라진다는 것입니다. 예를 들어 다른 것은 모두 같은데 이심률이 0.2인 타원과 0.8인 타원은 그 모양이 다르다는 것입니다. 원 같은 경우는 이심률이 언제나 0입니다. 이것은 원들이 크기는 다르더라도 모양은 모두 같다는 것입니다. 그래서 모든 원은 닮았다고 이야기합니다. 이렇게 보면, 모든 포물선의 이심률도 언제나 1이므로 모든 포물선은 닮았다고 이야기할 수 있습니다. 이것은 크기는 모두 다르지만 모양이 같아서 확대하거나 축소하면 겹쳐진다는 이야기입니다.

오늘은 좀 어려운 내용을 다루었지요? 그러고 보니 원뿔곡선을 설명하는 방법도 여러 가지네요. 첫째 원뿔을 자르는 각도에 따라 설명할 수도 있고, 둘째 정의에 의해 설명할 수도 있고, 셋째 식으로도 설명할 수 있고, 넷째 이심률로도 설명할 수 있습니다. 여러분, 이것을 잊지 말고 서로 연결해 공부해 두세요.

수업정리

❶ 이심률 e 이라는 것은 원뿔곡선 위의 각 점에서 초점까지의 거리와 그 점에서 준선까지의 거리의 비를 말합니다.
$\overline{PF} = e\overline{PD}$ 에서 $e=0$ 이면 원이고, $0<e<1$ 이면 타원, $e=1$ 이면 포물선, $e>1$ 이면 쌍곡선, $e=\infty$ 이면 직선이 됩니다.

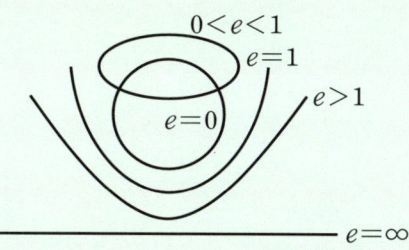

❷ 타원의 이심률은 $\dfrac{\sqrt{a^2-b^2}}{a}(a>b)$ 또는 $\dfrac{\sqrt{b^2-a^2}}{b}(b>a)$ 이고, 쌍곡선의 이심률은 $\dfrac{\sqrt{a^2+b^2}}{a}$ 또는 $\dfrac{\sqrt{a^2+b^2}}{b}$ 입니다.

7교시

생활 속에서 찾은 타원과 쌍곡선

우리 주변에서 타원과 쌍곡선이 쓰이는 예를 찾아봅시다.

수업 목표

생활 속에서 타원과 쌍곡선이 어떻게 활용되는지를 알아봅니다.

미리 알면 좋아요

포물선, 빛의 반사 성질

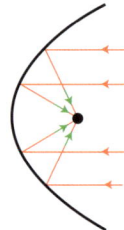 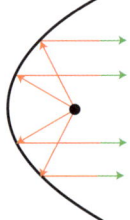

포물선의 축과 평행하게 들어온 빛은 포물선에 반사되어 초점에 모입니다.

포물선의 초점에서 나간 빛은 포물선에 반사되어 축과 평행한 방향으로 나갑니다.

아폴로니우스의 일곱 번째 수업

오늘은 타원과 쌍곡선에 대한 일곱 번째 수업입니다. 여러분, 그동안 어려운 내용을 공부했지요? 오늘은 우리 주변에서 타원과 쌍곡선을 찾아보고 우리 생활에서 활용되는 예에 대해 공부해 볼 거예요.

생활 속에서 찾은 타원

우리 주변에서 타원 모양은 많이 볼 수 있어요. 무대의 조명

불빛에서도 타원 모양을 발견할 수 있고, 럭비공도 타원 형태이고, 정확하지는 않지만 우리가 즐겨 먹는 달걀도 타원 모양이지요. 그리고 접시 중에서도 원 모양이 많기는 하지만 타원 모양도 많아요. 또 오이, 당근 같은 채소나 가래떡 같은 원기둥 모양의 재료를 썰 때도 타원 모양을 자주 볼 수 있죠? 똑바로 썰면 원 모양이지만 어슷하게 썰면 타원 모양이 나오잖아요. 이 외에도 타원은 우리 생활 곳곳에서 찾을 수 있답니다.

우리 몸속에서도 타원 모양을 찾을 수 있어요. 여러분의 머리카락을 볼까요? 여러분 중에서는 머리카락이 꼬불꼬불 곱슬머리도 있고, 또 곧게 뻗은 머리카락도 있습니다. 머리가 곱슬머리인 친구들은 쭉쭉 뻗은 머리카락을 가진 학생들을 부러워하면서 내 머리카락은 왜 그럴까 고민 많이 했죠? 요즈음에는 미용 기술이 많이 발달해서 곱슬머리를 찰랑찰랑한 곧은 머리카락으로 바꿔주는 파마가 있긴 하지만 안타깝게도 곱슬머리를 영원히 곧은 머리카락으로 바꿔 주는 약은 아직 없다고 하네요. 그건 그렇고, 이것이 타원과 무슨 상관이 있냐고요? 그럼 하나만 생각해 보세요. 단면이 원 모양인 기둥이 똑바로 잘 서 있을까요, 아니면 단면이 타원 모양인 기둥이 똑바로 잘 서 있을까요?

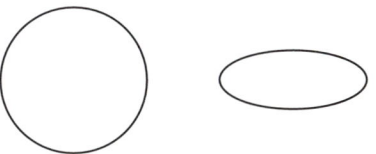

물론 2개의 기둥이 똑바로 서 있기는 하지만, 단면이 타원인 기둥 같은 경우에는 단축 방향에서 어떤 충격을 가하면 쉽게 넘어집니다. 머리카락도 이와 같답니다. 머리카락을 하나 뽑아서 자르고 그 단면을 현미경으로 보면, 직선 모양인 곧은 머리카락은 그 단면이 원 모양인데 비해 곱슬머리는 그 단면이 타원형이라고 합니다. 곱슬머리는 정도가 심할수록 그 단면도 더 납작하고, 쭉쭉 뻗은 곧은 머리카락일수록 그 단면이 원에 가깝다는 거예요. 보통 우리 동양인은 머리카락의 단면이 원형인 경우가 많고, 서양인은 타원형이 많다고 합니다. 그래서 서양인의 머리는 동양인보다 곱슬거리는 정도가 더 심한 것이에요. 그럼 서양인보다 곱슬거리는 정도가 훨씬 더 심한 흑인은 머리카락의 단면이 어떨까요? 아주 납작한 타원형이거나 극단적일 때는 리본 모양인 경우도 있다고 하네요. 흑인이 이렇게 심한 곱슬머리를 갖게 된 이유는 햇볕이 아주 강한 열대 지방에서 살아남기 위해서라고 합니다. 머리카락이 심한 곱슬머리여야 머리카락과 머리 피부 사이에 공기층이 형성되고, 이런 공기층으로 말미암아 체온이 급격하게 올라가는 것을 막을 수 있기 때문이랍니다. 피부와 머리카락 사이에 형성된 공기층은, 햇볕이 머리 피부에 그대로 내리쬐어 체온이 계속해서 올라가는 것을 막고, 또한 머리에서 나오는 땀을 효과적으로 증발시켜 머리의 열을 빨리 냉각시킨다고 합니다. 그러고 보면 아주 신기하게도 수학의 원리가 곳곳에 숨어 있지요?

타원은 우주에서 행성의 공전 궤도에서도 찾아볼 수 있어요. 옛날 사람들은 지구를 비롯한 모든 행성은 원 모양으로 회전한다고 생각했습니다. 왜냐하면 옛날 사람들은 원을 아주 이상적이고도 완벽한 도형으로 생각했기 때문이에요. 하지만 케플러라는 사람은 이것이 잘못된 것임을 주장합니다. 케플러는 모든 행성은 원 모양의 궤도로 공전하는 것이 아니라, 타원 모양의 궤도로 공전하고 있다는 것을 발견한 것입니다. 케플러가 발견한 행성 운동의 법칙은 다음과 같습니다.

- 1법칙 타원 궤도의 법칙 : 행성은 태양 주위를 타원을 그리며 공전하고 있다. 이때 태양은 타원의 한 초점에 위치한다.
- 2법칙 면적 속도 일정의 법칙 : 행성은 태양에서 가까울 때는 빨리 공전하고 멀 때는 느리게 공전한다. 따라서 같은 시간 동안 행성이 움직인 궤도와 태양을 이은 직선으로 이루어진 부분의 면적은 언제나 일정하다.

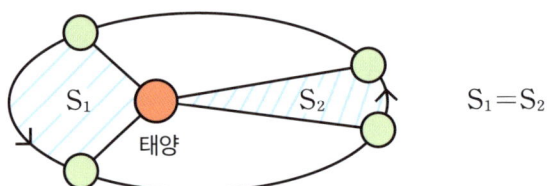

- 3법칙 조화의 법칙 : 행성 궤도의 장반경을 a, 공전 주기를 P라고 하면, 모든 행성에 대하여 P^2을 a^3으로 나눈 값은 일정하다.

실제로 태양계에서 각 행성의 공전 궤도를 보면, 다음과 같은 이심률을 갖는 타원입니다.

행성	수성	금성	지구	화성	목성	토성	천왕성	해왕성
이심률	0.21	0.01	0.02	0.09	0.05	0.06	0.05	0.01

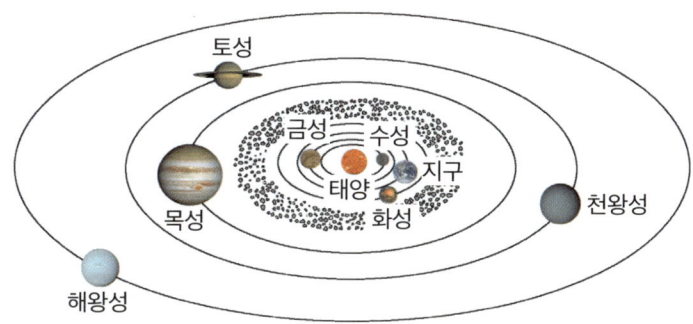

금성과 해왕성의 궤도는 거의 원과 흡사한 타원 모양이고, 수성의 궤도는 다른 행성들의 궤도보다 많이 납작한 것을 알 수 있습니다. 이렇게 행성들은 타원 궤도를 가지고 있고, 타원의 이심률에 따라 공전 주기도 달라진다고 합니다.

그리고 또 하나! 지구도 완전한 구 모양이 아니라 타원 모양인 것 알고 있지요? 그 이유는 지구가 매우 빠른 속도로 자전하기 때문이라고 해요. 행성은 자전 속도가 빠를수록 납작한 모양의 타원 형태가 된다고 합니다. 그래서 자전 주기가 약 10시간밖에 안 되는 목성은 지구보다 더 납작한 형태의 타원이라고 합니다.

이번에는 타원면에서 빛이나 소리파의 성질에 대해 알아봅시다. 다음 그림에서 보는 것과 같이 타원면의 한 초점에서 나간 소리나 빛은 타원면에 반사되어 다른 쪽의 초점에 모이는 성질이 있습니다.

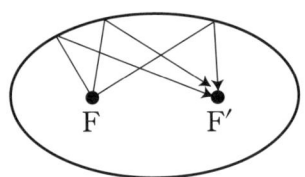

이런 타원면의 성질을 이용한 것으로는 영국 런던의 세인트 폴 대성당을 들 수 있습니다. 이 성당은 타원면으로 설계되었는데, 한 초점의 위치에서 소곤거리면서 말해도 반대편 초점의 위치에서 또렷하게 들리기 때문에 '속삭이는 회랑'이라고 더 많이 불린답니다. 이는 아무리 큰 소리라도 그 소리가 사방으로 퍼져 나간다면 멀리서 그 소리가 들리지 않지만, 비록 작은 소리일지라도 그것이 하나로 합해진다면 멀리서라도 뚜렷하게 들을 수 있다는 원리가 적용된 것입니다. 그래서 타원면으로 되어 있는 건물에서는 조심해서 이야기해야 한답니다. 만약 자신의 위치가 초점의 위치라면 그냥 조용히 계세요. 사람들이 멀리 있어 듣지 못할 것으로 생각하면 큰 오산입니다. 물론 작게 말하면 옆의 옆의 사람은 듣지 못할 수도 있지만, 혹시라도 반대편 초점의 위치에 사람이 있는데도 불구하고 들리지 않을 것이라 생각해서 누군가를 험담이라도 했다가는 다 들통날 수 있습니다. 또 다른 이런 예로 미국 국회 의사당의 조각상 홀Statuary Hall을 들 수 있습니다. 이 건물 안에서는 사람들이 작게 떠들어도, 초점의 위치에서 말하는 소리는 반대편 초점에서도 아주 또렷하게 들린다고 해요. 무섭지요? 아무튼 말조심해야 한다니까요.

 타원면에서 이런 성질은 의료기에서도 사용됩니다. 우리 신장에 결석이 생기면 그것을 없애야 하는데요, 이때 사용하는 기계를 신장 결석 파쇄기라고 합니다. 이 기계에는 이런 타원의 성질이 숨어 있는데, 그 원리는 다음과 같습니다.

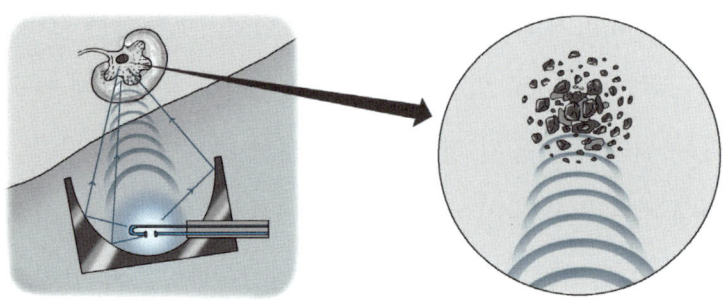

위 그림과 같이 신장 결석 파쇄기의 면은 타원면으로 되어 있고, 타원면의 한 초점 부분에는 결석을 깰 수 있는 충격파가 나오도록 설계되어 있습니다. 따라서 다른 초점 부분에 신장의 결석이 오도록 하면, 충격파가 타원면에 부딪치고 다시 반사되어 결석 부분에 모이게 되고, 모인 충격파는 그 힘이 강력하게 되어 결석만 깨끗하게 없앨 수 있습니다. 물론 다른 부분은 전혀 손상하지 않고서요. 타원의 힘이 아주 강력하지요?

또 다른 타원면의 성질 하나! 다음 그림과 같이 초점과 타원 사이를 지나는 소리나 빛은 초점을 공유하는 내부의 작은 타원에 접하면서 나가는 성질이 있습니다. 타원 모양으로 되어 있는 방이 있다고 할 때 가장자리 A부분에서 이야기하면, 그 소리파는 두 초점 F와 F′를 공유하는 또 다른 작은 타원에 접하면서 계속 돌고 돌게 됩니다. 그렇게 되면 그 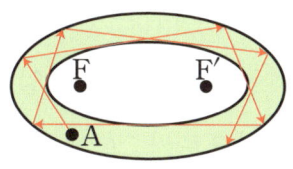 림에서 색칠한 부분에 있던 사람들은 그 소리를 뚜렷하게 들을 수 있게 된답니다. 아무튼 타원 모양의 방에 들어가면 무조건 가운데 부분으로 가세요. 혹시 잘못해서 초점 부분이나 가장자리에 있다가는 실수하기 쉬우니까요.

이런 타원은 현대 암호에서도 아주 중요한 역할을 합니다. 암호를 만들고 또 그 암호를 해독하는 과정에서 타원 곡선을 이용함으로써 그 안정성과 속도면에서 많이 이바지하고 있다고 합니다.

생활 속에서 찾은 쌍곡선

　우리가 신문이나 방송을 보면 '~와 ~은 희비 쌍곡선을 달리고 있다.'라는 머리기사를 많이 보게 됩니다. 이것은 기쁨과 슬픔이 동시에 생겨 각각 발전하는 모습을 말합니다. 이런 표현이 생긴 이유는 쌍곡선이 방향이 다른 2개의 곡선으로 뻗어 나가는 모양을 하고 있기 때문입니다.

　우리 주변에는 이 외에도 쌍곡선 모양을 한 것이 많이 있습니다. 다음과 같이 조명이나 화분, 꽃병, 조각품, 건물, 여러 무늬 등에서 쌍곡선 모양을 찾을 수 있습니다.

우리 생활에서 쌍곡선이 이용된 대표적인 예로는 여러 가지 렌즈를 들 수 있습니다. 이는 다음과 같이 쌍곡선에서 빛이 아주 독특하게 반사되는 성질을 이용한 것입니다.

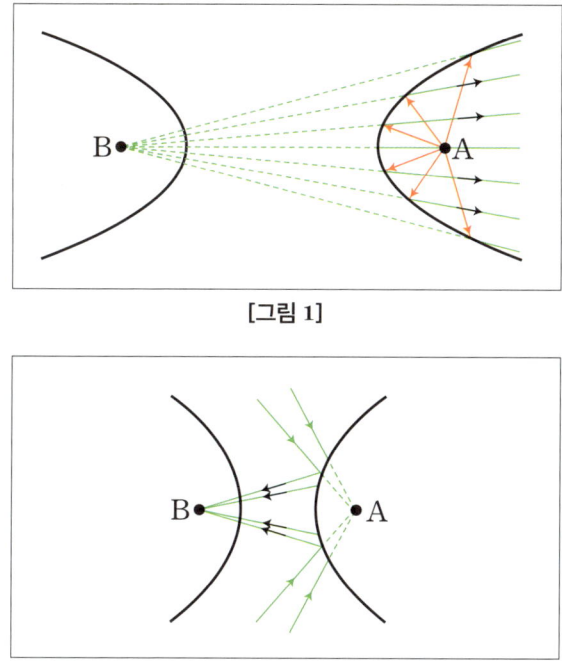

[그림 1]

[그림 2]

쌍곡선의 한 초점 A에서 나오는 빛은 쌍곡선에서 반사되어 [그림 1]과 같이 마치 다른 초점 B에서 빛이 나오는 것처럼 퍼져 나가는 성질이 있습니다. 만약 쌍곡선의 초점 A가 있는 안쪽 면을 거울로 만들고 나서 A에 광원에 놓으면, 거기서 나오는 모든 빛은 쌍곡선 거울에서 반사되어서 퍼져 나가는데 그 모양이 마치 쌍곡선의 또 다른 초점 B에서 나온 빛처럼 퍼져 나간다는 것이지요. 반대로, 쌍곡선의 한 초점을 향해 직진하는 빛은 [그림 2]와 같이 쌍곡선에 부딪치면 다른 초점을 향해 반사되는 성질이 있습니다.

쌍곡선의 이런 원리는 망원경에서 많이 이용됩니다. 천문 관측용 반사 망원경 중 하나인 카세그레인식 망원경Cassegrain Telescope은 포물선과 쌍곡선의 반사 성질을 이용하여 아래의 그림과 같은 구조로 만들어져 있습니다. 주 반사기는 포물면으로 되어 있고, 부 반사기는 쌍곡면으로 되어 있는데, 그림과 같이 쌍곡면의 한 초점은 포물면의 초점과 일치시키고, 쌍곡면의 다른 초점에는 수신용 봉을 놓습니다. 그러면 포물면의 축과 평행하게 들어온 빛은 포물면에 반사되어 초점의 위치로 향하게 되고, 이 빛은 쌍곡면에서 반사되어 쌍곡면의 다른 초점, 즉 수신용 봉의 위치에 모이게 됩니다. 망원경 중에서는 카세그레인식 망원경을 약간 변형시켜 부 반사기를 타원으로 한 망원경도 있고, 또 주 반사기와 부 반사기를 모두 쌍곡면으로 한 망원경도 있습니다.

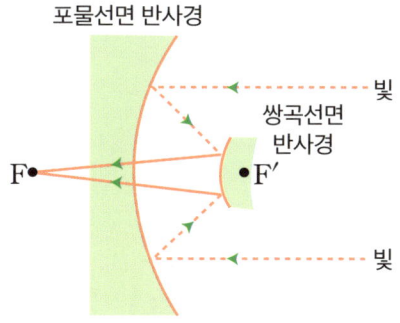

어때요? 우리가 무심코 지나쳤던 생활 속에서도 이렇게 수학의 원리가 많이 숨어 있답니다. 지금까지 이차곡선에 대해 공부했습니다. 사실 타원과 쌍곡선은 그 내용이 어렵기도 하지만 또한 매우 중요한 부분입니다. 그러나 이전에 배웠던 원과 비교한 뒤에, 타원과 쌍곡선을 서로 비교하고 그 의미부터 차근차근 공부한다면 타원과 쌍곡선은 그렇게 어려운 내용은 아닐 거예요.

수업 정리

❶ 타원은 우리 주변의 여러 가지 생활용품과 장식물, 곱슬머리의 단면, 행성의 공전 궤도, 지구의 형태 등 다양한 곳에서 볼 수 있습니다.

❷ 타원의 한 초점에서 나간 소리나 빛은 타원면에 반사되어 다른 쪽의 초점에 모입니다. 그리고 타원의 초점과 타원 사이를 지나는 소리나 빛은 초점을 공유하는 내부의 작은 타원에 접하면서 나갑니다.

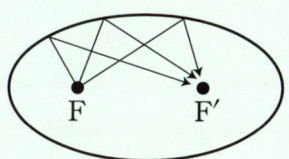 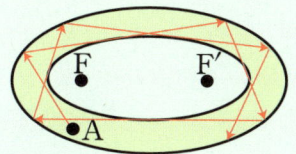

❸ 쌍곡선의 한 초점 A에서 나오는 빛은 쌍곡선에서 반사되어 마치 다른 초점 B에서 빛이 나오는 것처럼 퍼져 나가는 성질이 있습니다. 그리고 쌍곡선의 한 초점을 향해 직진하는 빛은 쌍

곡선에 부딪치면 다른 초점을 향해 반사되는 성질이 있습니다.

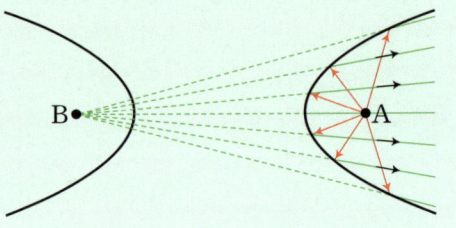 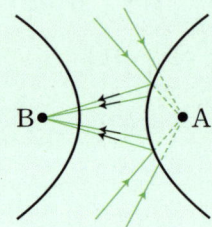